商业新闻出版公司和轻松读文化事业有限公司提供内容支持

家有房产

轻松读大师项目部　编

中国盲文出版社

图书在版编目（CIP）数据

家有房产：大字版 / 轻松读大师项目部编. —北京：中国盲文出版社，2017.3

ISBN 978-7-5002-7771-2

Ⅰ.①家… Ⅱ.①轻… Ⅲ.①房地产投资—通俗读物 Ⅳ.① F293.35-49

中国版本图书馆 CIP 数据核字（2017）第 051638 号

本书由轻松读文化事业有限公司授权出版

家有房产

编　　者：	轻松读大师项目部
出版发行：	中国盲文出版社
社　　址：	北京市西城区太平街甲 6 号
邮政编码：	100050
印　　刷：	北京汇林印务有限公司
经　　销：	新华书店
开　　本：	787×1092　1/16
字　　数：	85 千字
印　　张：	13.75
版　　次：	2017 年 3 月第 1 版　2017 年 3 月第 1 次印刷
书　　号：	ISBN 978-7-5002-7771-2/F·128
定　　价：	46.00 元
销售热线：	（010）83190289　83190292　83190297

版权所有　侵权必究　　　　　印装错误可随时退换

出版前言

数字文明为我们求知问道、拓展格局带来空前便利,同时也使我们深受信息过剩、知识爆炸的困扰。面对海量信息,闭目塞听、望洋兴叹固非良策,不分主次、照单全收更无可能。时代快速变化,竞争不断升级,要想克服本领恐慌,防止无知而盲、少知而迷,需尽可能将主流社会的最新智力成果内化于心、外化于行,如此才能更好地顺应时代,提高成功概率。为使读者精准快速地把握分散在万千书卷中的新理念、新策略、新创意、新方法,我们组织编写了这套《好书精读丛书》。

这套书旨在帮助读者提高阅读质量和效率。我们依托海内外相关知识服务机构十多年的持续积累,博观约取,从经济管理、创业创新、投资理财、营销创意、人际沟通、名企分析等方面选取数百种与时俱进又经世致用的好书分类整合，凝练出版。它们或传播现代经管新知，或讲授实用营销技巧，或聚焦创新创业，或分析成功者要素组合，真知云集，灼见荟萃。期待这些凝聚着当代经济社会管理创新创意亮点的好书，能为提升您的学识见解和能力建设提供优质有效便捷的阅读资源。

聚焦对最新知识的深度加工和闪光点提炼是这套书的突出特点。每本书集中解读4种主题相关的代表性好书，以"要点整理""5分钟摘要""主题看板""关键词解读""轻松读大师"等栏目精炼呈现各书核心观点，崇真尚实，化繁为简，您可利用各种碎片化时间在赏心悦目中取其精髓。常读常新，明辨笃行，您一定会悟得更深更透，做得更好更快。

好书不厌百回读，熟读深思子自知。作为精准知识服务的一次尝试，我们期待能帮您开启高效率的阅读。让我们一起成长和超越！

目 录

房地产创造财富人生 ················· 1

即便对普通大众来说,房地产也已经超出了"住"的实用范畴,而成为一种较为稳健的获利途径。知名演讲家迪恩·葛拉西奥希为你规划了从房市新手到坐拥百万房产的路线图:首先了解房地产市场,然后从时间、财务、心理方面作好准备,最后以灵活多样的方式投资获利。不论房市是涨是跌,该路线图都将助你进退有据,满载而归。

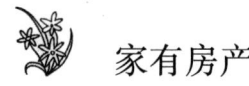 家有房产

点屋成金 …………………………………… 51

作为房地产市场的老将,豪尔赫·佩雷斯讲述了房地产开发中谈判、投资、融资、销售各个环节的操作要点,梳理了开发商与员工、客户、合作伙伴和竞争对手的关系,体现了其正直经营、着眼长远的经商理念。《点屋成金》不仅是一部房地产投资盈利的生意经,也是一本拓展投资者经营策略和智慧格局的思维启迪书。

目 录

富爸爸房地产投资指南 ……………………… 107

"房地产代表着自由，意味着掌握自己的人生和未来。"对罗伯特·清崎而言，投资房地产是一门生意，要想获得长期成功，就应该像经营企业一样认真对待。犹如细致周到的老师，清崎讲述了如何快速进入房地产投资行业，开展房地产投资项目和发挥创意取得意想不到的收获，并提醒读者妥善处理税收、会计和团队建设等问题。

抱房生财术 …………………………………… 159

　　四位在房地产投资领域摸爬滚打多年的实战老将，大方地将"抱房生财术"的经验公之于众。该方法分为寻找、分析、购买、管理和成长五个部分，重点是将风险降到最低，追求最大的财务收益。难能可贵的是，他们在追求财富的同时坚信应当"取之有道"，并提出了七项成功法则为初出茅庐的投资人保驾护航。

房地产创造财富人生

Be a Real Estate Millionaire

Secret Strategies for Lifetime Wealth Today

原著作者简介

迪恩·葛拉西奥希（Dean Graziosi），知名演讲家，经常在研讨会、工作坊中授课，在电视节目中担任嘉宾，并且专门提供课程帮助学员运用房地产等投资工具来达成理财目标。葛拉西奥希以高中学历白手起家，已通过投资事业赚进约1亿美元，并著有《卖车致富圣经》、《脑筋转个弯》等书。

本文编译：王约

主要内容

要点整理	靠房地产获利 / 5
	零首付购房 / 8
5分钟摘要	进退有据，稳健获利 / 10
轻松读大师	一　在房市赚大钱 / 12
	二　为成功打地基 / 22
	三　创造房地产财富 / 34

靠房地产获利

房地产是迈向个人财务自由最快速、最容易且又最安全的方法之一。只要了解市场的走势，再顺势调整投资策略，不论房市看涨还是看跌，都能够获利。

美国房地产大亨唐纳德·特朗普（2016年当选为美国第45任总统）就是一位代表性人物，他最让人称道的是他精准的眼光和造势的能力。例如他在20世纪80年代初房地产最低迷的时候，以100万美元的超低价，从一家香港公司手中买下位于纽约华尔街的一栋商用大楼，10年后，这栋大楼的价格增长了上千倍。特朗普推销房地产时，最擅长以自己作为品牌，先与名人达成交易，再利用这些名人吸引更多的客户。每当特朗普的房地产推不动时，他就开始举办宴会，让潜在客户和各界名人有机会接触，利用虚荣感让客户掏出支票。如果再卖不出去，特朗普就直接调高售价，制造限量感，引起抢购旋风。

美国房地产女大亨芭芭拉·柯克兰创办的柯克兰集团营业额超过20亿美元，在纽约房地产业位居要津。她在《利用你已经得到的一切》中指出，高明的销售技巧不外乎隐恶扬善，让人欣赏自己的优点。她所出租的公寓，面积不比其他同时登广告的公寓大，但她在起居室与用餐区之间立了一面墙，在卧房加上一间私人房，结果顾客把焦点集中在隔间的好处上，反响热烈，她付出的广告费收到了很好的效果。柯克兰也善于运用媒体的力量，通过举办一日特卖会或为房产取一个特别的名称来吸引媒体报道和买家。这样，媒体报道不只是免费的，还能增加房产宣传的可信度。柯克兰发现麦当娜在找房子时，立刻专门为她整理出一份房子的推荐清单，并详细介绍名流重视的基本要素——宽敞、安全、视野良好。柯克兰将清单寄给媒体,并得到参加CNN谈话类节目的机会,结果市场一致认为麦当娜是柯克兰的客户,因此让柯克兰获得更多名人的青睐。

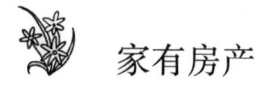家有房产

零首付购房

投资房地产最棒的地方之一就是可以用许多不同的方法来达成交易。只要发挥创意，不需要动用自己的半毛钱就能买下房地产。

2007年美国购房首付的平均值是房价的9%，而非过去的20%，有29%的买主根本不付首付。新种类的房贷让许多买主只需付一点，或根本不用付首付就能买房，这样买主可通过重新贷款从房屋净值中获利。许多房贷类型甚至意味着买主不必偿还他们的房贷，是否真正拥有房屋取决于房价是否上涨：如果房价上升，他们就变成屋主；如果房价下跌，他们的第一选择是法拍，把房屋还给银行。

"把我丢在任何一个城市，拿走我的皮包，只要给我100美元，我就能够在72小时内买到

房地产创造财富人生

一流的房地产,而且不用首付。"这是房地产大师罗伯特·艾伦出版他第一本书《零首付》时所发的新闻稿。当时媒体接受艾伦的建议,只给他100美元,再让他随机到一个城市,并派出记者全程报道他的每一个步骤。艾伦果然在72小时内买了几处房地产。艾伦也教大家运用房地产投资的杠杆作用,例如付了10%的首付购买价值20万美元的房子,一年后房子上涨了5%,价值变成21万美元。付出的2万美元和借来的18万美元都发挥了杠杆作用;2万美元的投资赚了1万美元,投资收益率为50%。在房地产价值上涨时,这样做等于是用别人的钱创造投资收益率。

5分钟摘要

进退有据，稳健获利

投资房地产基本上是非常稳健的获利途径。只要进退有据，不论市场行情是涨是跌还是持平，投资人都可以致富。唯一的前提是，要懂得房市的景气周期，根据周期来操作。这听起来难，实际上却相当容易。

最实际的房地产投资策略有两种：

◎房市看涨，装修后转手——买进房产，加以修缮或翻修，然后转手大赚一笔。

◎房市看跌，买进抱牢——用低价买进法拍屋或贱价出售的房产，先租出去，收租金来支付必要费用，然后等到房市回温再脱手，锁定获利。

投资房地产最困难的地方其实是跨出第一步，起码要给自己一次机会去试试看。通过房地产赚钱，靠的不是资金，而是决心。

房地产创造财富人生

每天你都有机会放手一搏,要跨出安全区去尝试。当然,待在舒适区内一定简单得多,可是有时候总得冒点风险。风险会让你收获最大成果。

——迪恩·葛拉西奥希

不论你的目标是什么,现在就是着手达成目标的时候。你已经拿到了工具,所以赶紧去完成或超越自己设定的目标。采取行动,实现梦想!祝你马到成功、吉星高照,机会是留给有准备的人的。人生不要留白!

——迪恩·葛拉西奥希

一 在房市赚大钱

投资房地产真的不是什么了不起的学问，只要了解房地产市场如何运作就能投资。对房地产投资有了五项基本认识之后，你就可以准备出手了。

房市如何运作	基本认识
1	了解房地产为何那么值得投资
2	学会靠投资房地产赚钱
3	认识影响市场行情的因素
4	了解本地和全国的市场周期
5	不要光说不练，出手吧

1. 了解房地产为何那么值得投资

买卖房地产是增加个人资产净值的绝佳方

法，这么说是基于以下几项非常有力的理由：

◎房地产遍地都是，你不必亲临某个特定地点才能投资，在居住地的周遭就可以买卖房地产。

◎投资房地产不需要证照，也不必接受好几年的教育或训练，随时都可以开始。

◎房地产交易可以带来可观的现金，靠一次交易就赚到大多数人辛苦一年才获得的丰厚进账绝非天方夜谭。

◎只要有一点儿资金可以付首付，甚至没钱付首付，也能开始投资房地产。

◎房地产是好用的财务杠杆，只需不到1万美元的现金，你就能购得并操作价值数十万甚至数百万美元的房地产标的。

◎投资房地产一点也不困难，只要了解相关的专有名词以及市场上的投资大户，很快就能轻松上手。

◎比起其他形式的交易，房地产交易比较容易找到贷款，贷款业者偏好把钱借给买卖房地产的人，而不愿意做其他形式的商业贷款。

总而言之，房地产绝对是迈向个人财务自由最快速、最容易且又最安全的方法之一。诀窍就是要进退有据，而这并不困难，你可以从经验丰富的老手身上学到操作方法，或者靠亲身体验来学习如何操作。

2. 学会靠投资房地产赚钱

大多数人以为，靠房地产获利的唯一方式就是在市场低迷的时候进场，日后再脱手大赚一笔。这确实是其中一种获利的方法，可是事实上，不论房市看涨还是看跌，投资人都能够获利。关键是要了解市场的走势，再顺势调整投资策略，方法如下：

◎房市看涨时，买进房地产，好好整修一番，快快脱手获利了结。

◎房市看跌时，寻找贱价求售的对象（通常是法拍屋），用低价买进，再以出租的收入来支付必要费用，等市场回温再脱手。

要选择正确的操作方法，必须了解当地房市的走势。房地产价格通常会在一个可预测的周期中涨跌，如下图所示：

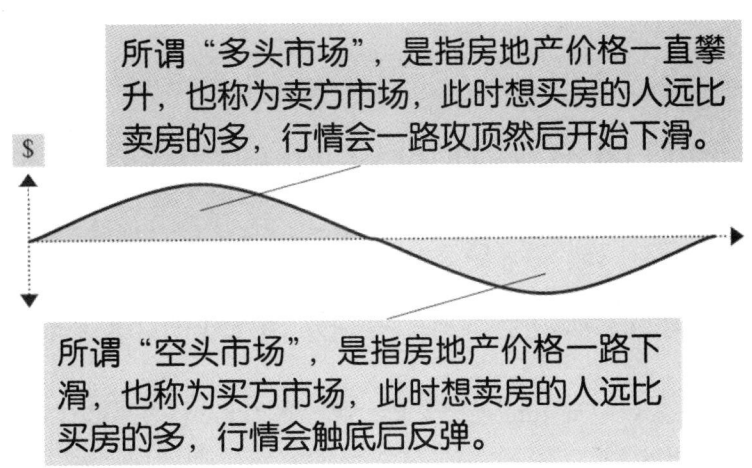

大多数房地产投资人通常先从住宅入门，之后才转向商用不动产等投资标的。这是个不错的做法，因为你应该比较熟悉住宅，而且想要把房子租出去也不是件棘手的事。

3. 认识影响市场行情的因素

想靠投资房地产获利，就必须清楚认识决定市场未来走势的因素。以下是影响房地产价格的五大全国性因素：

（1）利率——在美国，就是美联储规定的联邦基金利率。美联储调升利率时，房贷利率也会跟着上扬，愿意借贷的人数就会减少。而美联储下调利率就会促使房贷利率下降，刺激市场需求。只要了解美国国内利率的大方向与走势，就等于拥有了判断市场未来走势的好用的领先指标。

（2）通货膨胀。只要物价的涨跌幅度在适度的范围内，房地产都还算是相当理想的投资标的。只有当物价狂升或暴跌，也就是出现恶性通货膨胀或通货紧缩的时候，才有必要退场。

（3）投资资金流向。当资金流入房市，房价自然上涨；当资金退出房市转向其他投资标的，房价则会下跌。

（4）景气周期。不论国内经济是增长还是衰退，经济愈稳定，就会有愈多人有闲钱可以投资房地产。

（5）天灾人祸。飓风或地震等天灾都会对房价造成明显的后续影响。

如果能够持续追踪上述各项因素的周期与变动，就很有机会看出房地产的价格走势。你当然无法准确预测未来，但可以看出市场的大致走势。

4. 了解本地和全国的市场周期

除了追踪全国性的影响因素之外，还应该深入了解足以左右房价的本地影响因素。这方面有五项因素值得你持续关注与分析：

（1）人口迁移和工作机会。如果某地区的工作机会突然大增，那么就可以判断当地的房价会跟着上涨。要注意自己所在地区是迁入的人比较多，还是迁出的人比较多。

（2）开发计划。新的购物中心、道路的修建和其他形式的开发通常都会拉升房价。

（3）新兴建设。翻修旧有建筑、新建社区和开展一般建设项目可能刺激当地房价上涨，因此一定要持续追踪。

（4）供需状况——当地有多少房产待价而沽，以及平均要花多长时间才能卖出去。追踪房子售出所要花费的平均时间就可以推估供需是否失衡。

（5）居住地邻近地段的走势。特定地段的房价是涨是跌也会透露出该地段是愈来愈繁荣，还是在逐渐没落。

要注意的是，仅一项本地因素的影响就可能超越所有全国性因素加起来的影响，因此要深入了解自己所在地区的行情。这也就是为什么投资自己居住地的住宅是绝对合理的，因为你比外地人更了解当地的因素，以及这些因素将对未来房价造成什么影响，外地人一时之间很难看透这些。

此外还要注意，研究这些因素并不是为了决定是否要投资房地产。实际上在任何时候、任何状况下，房地产都是理想的投资标的。研究这些因素是为了判断哪一种房地产投资策略能为自己赚进最大利润。如果可以用相当准确的方法来预测本地房市将来的大致走向，就能判断该采取哪一种投资策略：

◎房市多头，整修后转手。

◎房市空头，买进并抱牢。

要确定自己的功课做得够不够，可以用下面的图表进行检查：

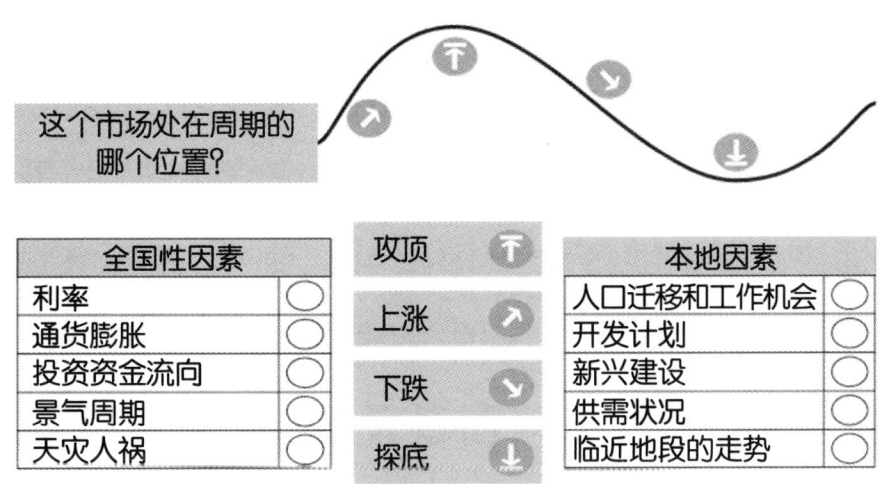

5.不要光说不练，出手吧

想通过投资房地产赚钱，就要设法在签约卖房之前赚到钱。要做到这点，需先下功夫分析市场状况，然后找到对自己最有利的位置。

只要先做好功课，再投入时间与金钱，而且想清楚投资策略和备用方案，就能占到抓住时机的好位置。

以下具体说明：

◥ 行情看涨，翻修后转手。也就是要趁房价持续看好的时机，找准可以快速整修然后转手的房产，脱手赚进价差。

◢ 行情攻顶，寻找意愿极高或急于出售的卖方，出个比对方开价低的价钱，等对方接受你的出价，而不是追高买高，以防行情下跌时被套牢。买进房地产之后出租。

◣ 行情下跌，找那些急着脱手还贷款的卖方，谈个好价钱。最好用很大的折扣买新屋，然后将其出租来支付必要费用。

◤ 行情探底，找个可以逢低买进的房产，先持有一段时间，再用更高的价钱卖掉。去留意那些急于脱手的房产，如法拍屋、欠税拍卖房产和银拍屋等。买进超值的房地产，然后抱牢等市场好转。

只要买进房产，就一定要想清楚退场策略。这样做你就会了解，基本上该买的房产只有三种：

◎可以长期出租的房产。

◎适合短期持有等市场好转的房产。

◎翻修后能尽快卖掉的房产。

理想情况是，要在行情接近谷底的时候买下适合短期持有或翻修后能快速脱手的对象，等到行情攻顶时卖出，创造最大的获利。这样做的同时也要当房东，尽量把租金定高一些，用来支付出租房产的房贷。

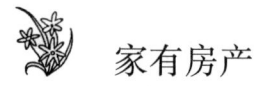 家有房产

二　为成功打地基

如果你已经了解了房地产市场的运作，却迟迟未能付诸行动，那么一定是受限于某些心理障碍。现在就来铲除这些障碍，开始投资房地产。

为成功打地基	心理工具
▶ 1　让财务步上正轨	
▶ 2　铲除心理障碍	
▶ 3　消除对失败的恐惧	
▶ 4　抽出必要的时间	
▶ 5　让目标成真	

1. 让财务步上正轨

有很多人年收入不过 10 万美元，却有办法把日子过得很好。也有人一年赚 30 万美元，却把自

己赚到的每一分钱都花费在时髦的商品上，财务状况没什么改进。解决金钱问题并不一定就是要赚更多钱。不论收入水平是高还是低，都必须懂得有智慧地管理金钱，这才是要义。你得学会让花费低于收入，这样才有办法开始投资房地产。

要让财务步上正轨，为人生奠定扎实的财务基础，则必须做到下列几点：

（1）下决心改变行为与想法。必要的话，缩减开销让自己清偿债务，建立良好的信用记录，并且积累一些资金用于投资房地产。除非你的生活水准已经濒临贫困线，否则一定有某些非必要支出可以缩减。下决心设法缩减非必要支出，让自己有多余的钱去投资。

（2）刚开始投资房地产时，要继续保有正职工作。这不仅能提高你的信用评级，而且在建立有一定水准的投资组合之前，你还需要稳定的收入。

（3）准时缴纳各种款项，不能有任何例外。

一定要提前几天缴款，并且要比最低应缴金额再多付一些，这样有助于提高你的信用评级。

（4）不要被太多张信用卡搞得晕头转向，只要有效运用2~4张即可。

（5）明智运用自己拥有的金钱。建立正确的心态：真正的富裕是有能力购买自己想要的东西，同时还能做到赚的钱比花的钱多。

（6）追踪消费记录，学会逐渐改善消费习惯。要清楚知道自己的钱都花到哪里去了，分析自己的习惯，判断哪些消费可以缩减。追踪自己的开销是个好习惯，这有助于你投资房地产，因为将来在法律和税务等程序上，你会用到相关的详细资料。

（7）养成习惯，培养热爱成功的心态，不要用负面态度看待金钱。金钱可以给你选择的自由，仅此而已。

2. 铲除心理障碍

要想成功投资房地产，就要有跟绝大多数人

截然不同的思维方式。大多数人都将困难与障碍当作绊脚石。如果你希望取得长期成功,就要把它们看作尝试创意做法的机会。

要鼓舞自己追求成功,别因为遇到障碍与挑战就动摇。你可以这么做:

(1)跟过去种种完全决裂。要明白过去发生的事未必会决定未来,所以真的别把它们当一回事。抛开过去奋力向前,你值得拥有未来所能得到的一切成就。

(2)拥抱改变。尝试更新、更理想的做法,不要落入窠臼。要相信自己在努力过程中会适应得很好。应满怀热情、毫无畏惧地放眼未来。

(3)克服对批评的恐惧。问自己,提出批评的人是否真心为你好。如果不是(而且大部分情况下不是),那么又何必在意他们说些什么?如果真的要花脑筋思考别人的意见,那就去找个自己尊敬、能够给予指导的心灵导师,然后确实听从他的建议。只有这时,才有必要在意别人的批评。

（4）立志做到正直。为自己设定标准并好好遵守，不论结果是好是坏，都要始终如一。要有颗正直的心，对人生中的每件事情都负起责任，且要百分之百诚实。如果你诚实且负责任，那么就已经踏上成功的道路了。

3. 消除对失败的恐惧

如果真心想在房地产投资上获利，创造一生的财务自由，那么就必须付诸行动，用尽全力。这表示你在熟悉房地产操作的过程中难免会犯点错。不要感到害怕，要克服对失败的恐惧感。

成功的投资人通常会把艰难险阻当作一时挫败，提醒自己下回发生同样状况时，哪些地方应该加以改进，更明智地处理。在学习的过程中一定会遭遇失败，要把失败当成对自己的提醒。失败从来不会是永久的，除非你放任自己继续错下去。成功者犯的错误不会少于失败者，只不过成功者会不断努力，直到改正错误为止。消除恐惧的最佳途径就是去面对自己的恐惧，找出恐惧的根源，然后采取行动确保自己最害怕的事情永远不会出现。

另一方面，很多人害怕成功的程度跟害怕失败一样。有时会出现一种折磨人的恐惧：人们害怕成功之后，新生活的品质会变得比他们目前享有的更差。如果你就是这么想的，那么应该认识到：除非你放任自己，否则成功是不会宠坏你的，你依然会是现在的你。不妨把成功想象成一段旅程，而不是终点。更何况，等你克服所有艰难险阻，终于尝到成功滋味之时，你会觉得成功是自己应得的，自己值得拥有这些成就，所以不要害怕。

4. 抽出必要的时间

每个人都很忙，每天抽出点时间用来规划建立房地产事业确实会有点困难。可是，如果做不到这点，你将永远无法实现梦想。详细来说，要帮自己找出时间来做房地产投资，大概只有两条路：

◎牺牲你目前习惯用来从事某项活动的时间。

◎重新规划自己的活动，让你拥有几段空闲时间可以利用。

在这两种选择中，多数人会觉得重新规划活动好像比较可行。要做到这一条，你必须用心安排和管理自己的时间，不要让杂七杂八的琐事来打扰自己。

实际上，只要做到以下几点，你就可以抽出时间来投资房地产：

◎追踪自己目前上班时都在做哪些事情，这样就可以知道哪些地方需要调整。随身带本记事本，记下自己在什么时间做什么工作。

◎找出哪些活动可以安排在一起做，从而节省时间。

◎为自己设定特定时间段，使自己可以不受干扰地专心投入房地产事业，然后养成习惯。好好安排工作时间，让自己尽量拥有这样的时间段。

◎了解大家会浪费时间的三大理由：

·不晓得该做什么好。

·逃避做某些事。

·太在乎琐事，以至于没时间完成重要的事。

详细规划时间，然后确实按计划执行，克服上述会浪费时间的习惯。愈用心安排重要的工作，就愈能确实做到。在规划和利用时间时要注意：

◎一定要给自己安排休闲时间，在工作与放松之间维持良好平衡。

◎设定一些时段不接电话（包括手机在内），请对方留言，然后有空时再回电话。

◎分出更多工作，想办法找人去做那些无法创造价值的琐事。

◎清理掉工作场所中不必要的东西，保持整洁，让自己能专心。

◎不要以为自己必须什么都要懂，把不相关的信息尽量过滤掉，解决信息超载的情况。

◎把互联网当成协助自己完成工作的工具，

不要在上面耗费太多时间，也不要理会对工作进度无益的信息。

没有人能够为你管理你的时间，所以要养成习惯，比过去更常说"不"。过滤掉不必要的来电、访客和网站，把时间当作不可取代的资产来安排，而事实上时间就是如此。如果你真心想在未来把时间变成更多的钱，让时间的价值比过去更高，就得想出一套办法，然后切实执行。愈靠近目标，就要安排愈多时间朝目标努力，不能减少时间。

5. 让目标成真

想让人生更精彩，就得养成设定目标的习惯，然后尽全力设法达成目标。几乎每个人都懂得这个道理，可是只有少数人真正这样生活。目标为什么有用？

◎目标可以给你方向——让你为有意思的工作努力，而不会虚度岁月。

◎目标很神奇——只要你下定决心去做，几

乎任何事情都可以实现。

◎目标可以让你有成就感——设下高远目标，然后放手去做。

要让自己真正动手设定目标，可以采取以下方法：

（1）选择务实的目标。你选择的目标要能督促自己全力以赴而且确实能够达成，并要与你长远的前进方向一致。

（2）为每项目标找一个理由——达成目标可以带来的好处以及可以避免的麻烦。有好处可以驱策你达成目标，而不良后果也会达到同样效果，两股力量都相当有益。

（3）让所有目标都能彼此兼容。这样某个领域的成功才不至于造成另一个领域的目标无法达成。假如目标互相抵触，就舍弃最无关紧要的目标。

（4）先从小目标着手。小目标是迈向最高远、最宏大目标的一小步。大目标并非一蹴而就，所以要把追求大目标的过程分割成一连串的小步骤，然后努力完成每一步。

（5）想象目标实现的景象——这一定会让目标更迷人，更有吸引力。定期想象自己达成目标时的样子，以及那时内心会有什么感受。这些体验愈真实愈好，这样会带来非常大的动力。

（6）制订的目标要可以评量——这样才能追踪进度。你必须制订具体的目标，并且定期停下脚步检视自己的表现。

（7）每设定一项目标，就要制订实施计划，即规划自己要采取哪些步骤，才能达成目标。尽情怀抱远大梦想，但也要为实践梦想勾勒出必须经过的步骤。

关键思维

只要了解自己所在地区的房地产市场，并且运用适当的策略，投资房地产绝对是获得财务自由最快速、最容易而且最安全的途径之一。

我很清楚自己的房地产计划绝对可行,因为我已经一再试验过了。我提供的计划只是一张地图,而你自己才是迈向成功的驱动力。现在就采取行动!你应该给自己最好的人生。要避免因为投资房地产而损失惨重,最好的办法就是一开始尽可能少用自己的资金。最后,投资房地产要成功,靠的不是你投入多少资金,而是你具备多少可以运用的知识。

——迪恩·葛拉西奥希

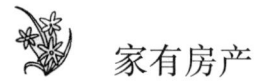

家有房产

三 创造房地产财富

有了必要的基本认识和心理工具之后,就要好好加以运用。也就是说,要去了解市场周期,观察特定时间内市场周期走到哪个区段,然后采取最恰当的投资行为。

| 落实你的方法 | 实现梦想 |

- ▶ 1 了解各类房地产在操作上的优缺点
- ▶ 2 找到并建立资金来源
- ▶ 3 学会零首付买房产
- ▶ 4 善用承购选择权和锁定协议
- ▶ 5 寻找法拍屋下手投资
- ▶ 6 买进短售房地产
- ▶ 7 利用税务和留置权赚钱
- ▶ 8 妥善管理房地产
- ▶ 9 今天就开始行动,不要等到明天

1. 了解各类房地产在操作上的优缺点

以下是四种常见的投资标的：

（1）独栋自用住宅。对于这类房屋，只要通过修缮来提高它们的市价就能获利。最好设法买到租金收入可以高过房贷的房子。一定要去找那种地段好但屋况不佳的房子，然后买下来好好翻修一下。

（2）公寓。必须是自有的公寓，不能是租来的。公寓比独栋自用住宅便宜，因此投资人通常会设法让租金收入高过所有必要的支出。以这种方式创造现金流，并运用现金聪明投资。

（3）出租用的复式楼、公寓大楼。这些都是能创造现金流的投资标的，同时也有增值空间。很多房地产投资人会买进整栋大楼，靠着房客创造的现金流让自己免费住进去。投资人也可以趁着行情攻顶的时机把大楼转手，之后再重复上述操作。要确保自己可以持续找到房客，为此，选好地段是关键。

（4）空地。空地无法立即带来收入。它需要你了解当地市场，并清楚目前市场周期走到哪个区段。这也是相当精明的投资之道。最好买那种有点问题，但问题不用花太多钱就可以马上解决的空地。譬如说，通过增建排水系统、平整土地或改善土地湿软的状况，一块洼地的价值就可能远比表面上看来的要高。根据经验，想靠投资空地获利，需要一些经验和创意，所以你最好等积累了较多买卖其他种类房地产的经验之后，再来考虑这种投资方式。

2. 找到并建立资金来源

愿意接受房地产做抵押来放款的单位或个人很多。最好能时时培养和这些资金来源的关系，让自己可以在好的投资标的出现时，迅速获得贷款。要跟以下对象建立关系：

（1）贷款机构——本地的银行、信用合作社、储蓄信贷机构及抵押贷款公司。了解向这些机构贷款要通过哪些核贷手续，事先准备好。通常会审查的项目包括：

◎信用——你的信用记录。

◎担保——你提供什么作为担保。

◎还款能力——偿还贷款的收入。

◎其他因素——其他可以降低风险的东西。

（2）抵押贷款经纪人。他们跟各种贷款机构素有往来，可以为你找到最划算的贷款。不过一定要询问对方费用要怎么算，把这些费用也算进贷款金额中。

（3）政府机关，如退伍军人管理局、联邦住宅局等。尽量利用自己符合申请资格的房贷项目。

（4）私人贷款者，即愿意接受房地产做抵押品来放款的个人或公司。通过报纸或人脉，去认识那些在本地活跃的贷款者。

3.学会零首付买房产

投资房地产最棒的地方之一就是，可以用许多不同的方法来达成交易。只要发挥一下创意，有时候根本不需要动用自己的半毛钱就能买下房地产。碰到意愿很高的卖方，只要买家有创意，对房市周期有深刻了解，并愿意背负房贷，就可以办到。

传统的购房方法是先付首付，然后用贷款凑够余额，全额付给卖方。想要不付首付买房，就必须想个有创意的方法，补足银行核贷金额与卖方开价之间的差额。不妨试试看：

◎用房子做第一次或二次抵押，或是开本票，把卖方当作募资对象。

◎接收卖方目前的房贷。

◎接手原有的抵押贷款。

◎找合伙人，让合伙人通过投入现金分得产权。

◎要求房地产中介让出佣金。

◎用其他资产做抵押。

◎承接卖方的个人债务。

◎用信用卡额度做抵押。

◎用自己现有的东西与之交换。

有创意的募资方法取之不尽。只要有想法，资金短缺应该永远不会成为你投资房地产的阻力。不断去组合、搭配，直到找出能够符合自己需求，同时也能符合对方需求的方法为止。

4.善用承购选择权和锁定协议

附承购选择权的租约会让你有权以双方议定的金额、在某一段期间内承租房子。在这段时间内，你也有权用议定的价格把房子买下来。在行情下跌或探底的时候，附承购选择权的租约尤其好用，因为这可以让你保有买屋的权利。一旦行情好转，你就可以行使权利买下房子再转卖出去，大赚一笔。倘若市场持续低迷，你也没有义务行使购买权。如果你在合约中增设条款，让自己有权把租约转卖给第三方，那么这个条款也能为自己赚得相当多的获利。

附承购选择权的租约可以让自己在准备好要买之前，保留购屋的权利。而另外一种选择是，你也可以在房地产买卖合约中，加入自己在

30～90天的期限内完成交易的权利和转让条款。这种合约称为"锁定协议"。只要做足功课，你可以考虑签下锁定协议，然后另觅买主来完成交易。如果你够灵活，便可以不花什么钱也没冒什么风险，就为自己赚进大把钞票。

同样，这也证明了投资房地产最棒的地方：赚钱的方法何其多，只需要发挥一点点想象力，并勇于提出条件就可以赚钱。

5. 寻找法拍屋下手投资

法拍屋有可能是绝佳的投资机会。法拍是一种法律程序，债权人通过法律途径取得产权进行拍卖，借以回收之前借出的款项。在房市周期的任何阶段，你都可以靠法拍屋赚钱，只不过这些机会通常出现在行情下跌或探底的时候。据估计，在任何一段特定时间内，都会有差不多1%的房产正在法拍或面临法拍。

除了看报纸以外，还有各种各样的本地信息来源，可以让你得知目前有哪些房产在法拍。

要把这些消息当作赚钱的机会。可能的操作方式包括：

◎用远低于实际价值的优惠折扣买进房子，翻修一番，然后用市价把房子出租或卖掉。

◎向银行临时贷款买下房子，再以信用贷款或信用卡预借现金来进行必要的修缮，然后用房子增值的部分再次贷款，把临时贷款还清。这样就能不掏首付便买到房子。

◎找到房子即将面临法拍的房主，用很大的折扣把房子买下来。先还掉逾期欠款，恢复到正常缴款状况，并且承接现有房贷。这么做之后，就可以立刻以实际市值把房子卖掉，或者也可以将房子出租，赚取稳定的现金收入。

买卖法拍屋的关键在于，事先一定要做足功课。要根据邻近地段类似房地产的价值，准确判断要下手的房子的价值，然后才能信心满满地放手投资，谈成合理的交易。

6. 买进短售房地产

这种操作就是去买资产为负的房地产，也就是欠款高于本身价值的房地产。在这种情形下，现任房主可能想干脆让房子被法拍，拍拍屁股走人，但就算这样还不足以解决问题，因为房主依然要负担法拍程序的所有相关费用。

当银行收不回某处房地产的欠款时，可能想要用很大的折扣转让其留置权。银行不是靠拥有房地产赚钱，而是通过放款给用房地产抵押的人来赚钱。银行有时会以市值的20%或更低的价格转让留置权，认赔杀出，好转去把握其他有获利空间的商机。对你来说，这就是大好的投资机会。

买下留置权之后，你就可以去找房主，提议用与欠款相等的金额买下房子。这个提议会很有吸引力，因为屋主可以不再背负债务等责任。你付清所有欠款后，就可以拥有用低价买来的房子。从此，你可以选择是要装修后出租，还是要翻修后立刻转手卖掉。

7. 利用税务和留置权赚钱

某些人因为很久没缴房产税而欠下大笔税金。如果他们没有能力清偿或不愿意清偿，你便拥有了绝佳的投资机会。你可以这样操作：

◎ 向州政府或郡政府买下税收留置权，用来作为议价的筹码。最起码，就算房主不肯还你钱，而且把房子再卖给别人，新房主也必须还钱给你，才能免除税收留置权。

◎ 可以等州政府或郡政府拍卖这处房产时，用远低于市价的折扣买下来。郡政府只是想收回欠税，根本不在乎你是否会借此大赚一笔。

大多数郡政府会在网站上公布这类消息，详细列出要拍卖的房产，所以要找到这些近在眼前的机会其实非常简单。只要作产权调查，就可以了解各处房产的状况，另外还要找个在这方面经验丰富的好律师。不过要确保你进行的交易非常值得你投入这些资源。

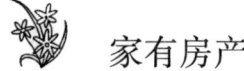

同样，这方面的投资也必须在事前做好功课。要做的功课有：

◎学会作产权调查，知道哪些房产欠税未缴。

◎寻求活跃于该地段的房地产中介的意见。

◎弄清楚是否有环境问题或法规问题，它们可能限制你处理目标房产的权利。

◎找到最适合的律师。

8. 妥善管理房地产

想靠房地产赚钱，最普遍的方法就是买进房产，在等待市场行情好转的时候把房子租出去，几年后再转手获利。在等候的这段时间，你一定要把房子出租，用以赚取足够的现金来付房贷。

你可以自己管理出租的房产，也可以聘请房地产管理公司帮你管理（大多收取租金收入的5%～10%作为管理费）。即使决定委托房地产管理公司管理，你仍然必须采取许多措施来保护自己的权益，包括：

◎整理相关文件并留下清楚记录。如果你有

多处房产，记得各处房产的支出要分别记录。在报税时也会用到这些相关资料。尽量聘请会计师来做，不过要弄清楚会计师在做什么，也要让他们拿到所有该有的资料。

◎制作租金账簿并随时更新，追踪每个月的租金收入。

◎每处房产都要有专用的档案夹，把所有相关的往来文书都收集起来。一定要能迅速而准确地查到每处房产的相关往来文书，不要把所有资料统统放进一个档案夹内。

◎每处出租的房产都要开设独立的账户，追踪租金收入和支出，以免跟其他资金混在一起。

◎慎选自己要用来出租的房产，只有房产位于大家都想住的抢手地段时才买下来。

◎要找优质的房客，审慎筛选，并设法长期留住他们。

◎所有出租房产的租金都定在同一天收。若有人迟交超过5天，就发出通知要求对方缴房租，否则就搬迁。你要保有采取行动的权利。

◎ 确保不同房产的押金、保险等各种条件全部一致。

◎ 一定要保留租金收入的 10% 作为维护费用，并且确实维护房产，确保屋况良好。事先就要拟订完善的维修计划。

根据经验，在刚开始做房地产时，亲自管理房产可以获益良多，学到所有相关的细节。之后，如果有好几处房产要管理，可以考虑找房地产管理公司来代劳。有过第一手经验，就能比较清楚地判断房地产管理公司做得好不好。

还有，要尽早跟合格的会计师建立稳固的关系。会计师可以提供宝贵的建议以及报税相关专业知识。另外还应该加入当地的房屋租赁协会，并且跟擅长房地产事务的律师建立良好关系。这些人脉都有助于你迈向成功。

9. 今天就开始行动，不要等到明天

对投资房地产充满热忱是一回事，真正放手

买下第一处房地产又是另一回事。要真正开始做房地产，必须采取下列方法：

（1）弄清楚自己现在的财务状况。要确实掌握财务状况，你应该：

◎准备一份呈现自己资产净值的财务报表。

◎准备一份呈现自己目前收入状况的财务报表。

◎记下具体的投资目标并定义清楚。

（2）为自己的房地产投资打下稳固基础。要做到这一点就必须：

◎提升自己的信用评级。

◎决定自己想要买哪个地段的投资标的。

◎找到必要的专业顾问。

◎找银行审核自己的贷款资格。

◎用现有房地产申请信用额度。

◎找到其他可能的资金来源。

◎研究本票的用法。

（3）开始做功课。研究自己要在哪些地方做投资，寻找待售的对象并了解价格。还要研究居住地附近有哪些很抢手或即将成为大热门的地段。然后向房地产中介请教，了解最新状况。

（4）分析目标房产的相关成本。看的时候要仔细，要估算需要进行哪些整修工程，并规划自己打算支付的最大开销。做这些功课时要有耐性，往往要研究超过50处房产，你才能找到几个值得投资的标的。这些分析都非常有帮助，你可以充分了解目前在你的目标地段上，大家都是怎么操作房地产的。

（5）耐心等候自己觉得放心、有十足把握可以出手的时机。如果头一次做房地产得到正面、获利的经验，那么你就会更有信心在未来做更多笔投资，所以第一次出手就要好好去做。

（6）如果找到合适的房产，并且价钱也合理，就可以想出适当的策略来配合目前的房市周期区段，放手去做。

房地产创造财富人生

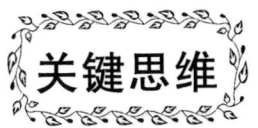

买房地产不只是在进行交易。在大多数情况下,这样做是在帮助其他人解决问题。当你了解房主的个性和他们卖房子的理由后,你就可以知道利用哪些方法制订有利的交易条件。面对不同状况,一定要跳出框架来看问题,并且用有创意的方法解决自己和对方的问题。我靠着有创意的办法去解决别人的问题,赚进了大笔财产,你也可以做得到。

——迪安·葛拉西奥希

点屋成金

Powerhouse Principles

The Billionaire Blueprint for Real Estate Success

原著作者简介

豪尔赫·佩雷斯（Jorge Perez），毕业于美国密歇根大学以及加州大学伯克利分校，现为房地产开发商瑞联集团董事长兼CEO。1968年，12岁的他与家人从古巴移民到美国。1979年，他开始从事房地产开发，目前已经建造了超过6万套公寓，自己也进入"福布斯美国400富豪榜"的前200名，成为地地道道的亿万富翁。

本文编译：黄玩

主要内容

要点整理	制造话题 / 55 细节造就差异 / 57 先售后建 / 59
5分钟摘要	无限财富在房市 / 61
轻松读大师	一 奉行五大指导原则 / 64 二 了解投资的四个关键 / 67 三 了解房地产的四项基本规则 / 71 四 运用谈判十法 / 76 五 学习如何获取融资 / 83 六 学习如何销售手上的房产 / 88 七 应用房地产开发八大原则 / 96 八 时时学习和成长 / 101 九 绝不停止改变或适应 / 104

制造话题

佩雷斯认为在房地产业,推销就是王道。不管房子有多好,只有卖出去才能赚到钱。要销售手上的房地产,就要设法制造话题,引起顾客的兴趣,让他们产生渴望,萌生购买欲,最后产生迫切需求。

美国房地产大亨唐纳德·特朗普在房地产的营销上,经常运用作秀以及制造话题等手法增加房地产的价值。以华尔街40号的办公大楼的成功模式为例。1995年这幢使用面积达到12万平方米的大楼处于无法经营的状态。原业主因为从来没有经营过大型办公楼的业务而不够专业,导致失败。当时纽约的办公室租赁市场也极为糟糕,但特朗普在低落中看到前景,他仅用100万美元的低价成功买下这幢大楼。在完成内部改建

 家有房产

装修后,这幢大楼成了华尔街最豪华热门的办公大楼,并因其绝地逢生的传奇而成为话题。另外,特朗普在盖国际高尔夫球场时,把炸掉的超大花岗岩改成超豪华瀑布,以至于后来许多客人为了来看这座瀑布而来到球场,这也是制造话题的操作手法。

点屋成金

细节造就差异

一旦投入房地产开发项目,就必须下定决心成为最优秀的开发商。只要开发出最优质的产品,大家就会愿意付高价购买。即便钱包失血,也不要停止追求品质,品质永远不会嫌高。要让大家看到作品时,能一眼就看出这是件因为精益求精而成就的完美作品。

美国房地产销售女天王马苑贞,她的生意跨越三大洲,客户多是世界名流。大家口口相传都找上她的原因就在于她不怕麻烦,只求尽快帮客户解决问题的做生意原则。一个信托基金机构手上有一块位于洛杉矶的10万平方米的工业用地。因为土地一半在市区、一半在郊区,适用法规复杂,加上土地所有权人高达48个,甚至还有一口找不到拥有者的井,所以这块地卖了4年还卖

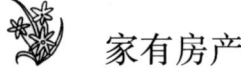

不出去，但马苑贞只花了6个月的时间就帮客户售出。在这个项目里面，面对的难题高达100个，涉及财务收入、花费预估、建筑物的细项维修、租金、空置率，甚至土壤分析，她都带着团队逐一克服。马苑贞还运用美国税法中的同类资产交换准则，拿这块工业用地为客户换到一栋比弗利山庄的建筑物。最后，这家信托基金的土地资产从垃圾变成黄金，土地的潜在价值提升了82%，所有权人的潜在收入也因此大增5倍。

点屋成金

先售后建

先售后建之所以成为房地产市场中的一个最主要的销售方式,是因为它可以同时满足房地产市场中所有参与者,即供给者、购买者与中介者的需求。房地产开发商可以通过预售制度先售出部分房屋,减轻开发土地的资金与财务周转压力;购房自住者与投资者可以通过低价预售制度,以分期付款的方式买到理想新屋;中介公司可以充分发挥其广告、企划与业务执行的能力。

预售制度创造了接待中心文化,更衍生了许多相关的特殊行业。例如,有许多代销公司专门卖预售房,它们从建筑商买到地就开始全程参与,其工作包括建筑规划、面积设定、建筑项目命名与包装营销,为的就是把房子卖出去。甚至有专门替预售做建筑模型的公司,它们可以真实

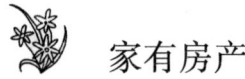 家有房产

模拟建筑物从白天到黑夜的场景,连花园里的树叶都可细腻地一片片烧粘出来。还有专门设计样品屋的室内设计师、装饰接待中心的花艺设计师与服务客户的保安警卫等,就像是把一间豪宅全部复制到预售模型上。

无限财富在房市

房地产业是史上最强大的财富制造机。如果你想致富,从事房地产业绝对是达成目标的最佳方法,但是这一行并没有秘密公式或是神奇法宝。要成功经营房地产,就必须集中心力,设定高远目标,还要极度努力。你必须在你所选择的房地产标的或是开发类型中成为一等一的专家,并进行务实的规划。

达成目标的人,也就是你耳闻目睹的那些成功人士,享有你希望在人生中拥有的一切,例如豪宅、名车和可以留给后代的财富,他们是具有些许运气和伟大构想并且不断尝试的人。你要走这条路,当然会遇到很多阻碍,特别是在刚开始的时候。你绝对不能放弃。如果你真心相信并执着追求,你就会成功。你必须找到

并结交同样相信自己会成功的人。当局面困难的时候，依靠你的热忱、毅力和努力渡过难关吧。开始之后，就算你相中的房产的持有人告诉你他不想卖，你也不能放弃，你必须重整旗鼓，继续寻找下一个目标。

房地产业是世界上最开放的市场，拥有无限的机会，也是积累财富的理想工具，所以要用尽一切办法，让它成为个人投资活动中不可或缺的一项。

我从1979年入行以来，已经建造了超过6万套公寓，已经开发和正在开发的项目遍及美国的迈阿密、奥兰多、坦帕市、亚特兰大、洛杉矶等地以及墨西哥等国，数量多到说不完。我做过的房产类型包罗万象，从空间狭窄的联邦政府补贴公寓到市售的公寓，从数百万美元的豪宅到结合商业区、零售区和住宅区的多用途社区。《时

点屋成金

代》杂志选我做封面人物的时候,称我为"热带地区的特朗普"。你是否也能取得这种成就?绝对可以。只要你愿意规划并坚守计划,不接受任何拒绝;只要你愿意照我所说的去不断努力并保持专注,你就会成功,你当然做得到。

——豪尔赫·佩雷斯

一 奉行五大指导原则

如果你能服膺这五项原则,那么你在任何一个你所选择投入的领域都会迈向成功:

一是对你所从事的工作抱持热忱;

二是谨守纪律;

三是作好极度努力的准备;

四是培养坚定不移的正直人格;

五是对伙伴绝对忠诚。

无论你选择进入哪一个领域,这些原则都能为你打好坚实的基础。

(1)对你所从事的工作抱持热忱。热忱会激励你、驱策你竭尽全力,并且不屈不挠。具有热忱的人会把挑战视为必然,而不是终点。

(2)谨守纪律。在商业活动中,任何领域的佼佼者都会严守纪律并全心投入。热忱能引你入门，但是纪律才能帮你保持巅峰状态。钻研各项细节，督促自己，并不断挑战极限，直到你比任何人都杰出。如果你骄矜自满，就无法超越竞争对手。

（3）作好极度努力的准备。力求完美的过程会用到你每一分精力，踏实的努力会让你从平凡变得卓越。你必须培养良好的心态，要比任何人都更努力，让自己更上一层楼。如果你懈怠，你就会遭遇职业生涯中的挫败。要想成功，就必须拥有梦想，并永不止息地追逐梦想，实现梦想。

（4）培养坚定不移的正直人格。简单来说，就是要在任何情况下都不屈服。正直是从不做任何不正当的事。如果一笔交易不符合你的价值观，你就应该敬而远之。竞争时要毫不留情并全力求胜，但是一定要谨守原则，要公平对待他人，为自己建立行事正直的名声。

（5）对伙伴绝对忠诚。结交想在未来继续跟你往来的人,把他们当成伙伴。如果你能跟重要的人建立长久关系,那么他们就会在你需要的时候帮助你。不论是公务还是私事,你都要支持他们。时时思考你做的每一件事可能有什么长期效应,每天都要为打造自己的未来而努力。

关键思维

我可以告诉你房地产业的成功法门,但是只有你才能使自己成功。就像是在职业运动中一样,了解规则并不表示你就能做好。成功的关键是你自己。

——豪尔赫·佩雷斯

如果你并不真正喜爱房地产业,那么就不应该进入这个行业。我很喜欢创造改变大家生活方式的建筑方案,它们会带给我兴奋感。我也很爱看某块地,并且从中看出别人看不到的机会,然后去实现我的梦想。

——豪尔赫·佩雷斯

二　了解投资的四个关键

规划房地产投资时的正确顺序应该是：

第一步，从适合自己的标的开始；

第二步，了解自己想追求的目标；

第三步，认清自己的能力及资源；

第四步，了解自己必须借助哪些专业能力。

大多数人在开始投资房地产时会本末倒置，他们会设法找到自己喜欢的房地产，再思考要如何处理。这种顺序是错误的，房地产市场有太多操作方式可供选择。你必须先想清楚自己要朝哪个方向发展，再去寻找符合自己规划的标的。说得更具体一点就是：

（1）从适合自己的标的开始。你要先学会走，再开始跑。先从小型房产开始，做成一笔交易来营造动能，然后再在这次成功的基础上继续前进。问问自己："我的能力足以处理哪种标的，而不会在起步之前就失败、破产？"基于你现有的认识选择可行目标，想清楚各种相关事项，然后以不屈不挠的精神追求这个目标。

（2）了解自己想追求的目标。目标是因人而异且非常主观的，问自己：

◎我想采取哪一种投资风格？

·被动式——由其他人来处理各项必要工作。

·主动式——亲身参与所有细节。

◎我的目标是要管理房地产，还是要开发新房地产？

·管理——向房客收取房租来赚取收入。

·开发——从无到有开始建设，靠销售房地产来获利。

就房地产来说，上述问题并没有标准答案，你只需要去了解自己想达成什么目标，然后向这个方向发展，让自己的行动迈向最适合的方向。

（3）认清自己的能力及资源。你需要认清自己的风险承受度、所拥有的特定技能以及通晓的领域。你的资源包括你在事业上建立的人际关系，以及你所拥有的资本。你认识的人常常会变成你最重要的资源，因为他们会帮助你做好必要的大小事情，使你的房地产计划得以实现。仔细思考你愿意投入多少时间在房地产投资项目上。

（4）了解自己必须借助哪些专业能力。需要借助的基本上就是你欠缺的技能和资源。如果你很清楚自己的专长，那么你就会知道自己该结交哪些具备其他技能的人。要去找能够弥补你的弱点和不足之处的人。你必须下功夫研究并向其他人请教，才能更明了自己可以获取哪些人才，这会是一项相当有用的信息。

关键思维

从事房地产投资的第一件事，就是要想清楚自己想朝哪个方向发展。你必须判断哪种投资标的最适合自己，这一点必须在你进行任何行动之前，在你寻找房产之前，在你筹募资金之前就先想清楚。首先要决定你想朝哪个方向发展，然后要了解所有相关事务，接着再开始进行。这种做法有道理，对不对？如果你连自己的目标是什么都不知道，又如何能够达成目标？你会一直绕圈子，或是先尝试某种方法，然后又改变自己的心意，换个方向，改去追逐其他目标。而你最后的下场就是破产。

——豪尔赫·佩雷斯

三 了解房地产的四项基本规则

要想在房地产业获得成功，离不开四项基本规则：

一是先规划再寻求交易机会；

二是培养足够的眼界；

三是完美地执行计划；

四是备好退场策略。

跟一般人想法相左的是，要投入房地产业，并不是跳到车上就开始到处寻找目标这么简单。你必须去研究市场，找出最迫切的需求在哪里。你必须找出现在市场上缺少哪一块，然后在大多数人还没朝这个方向发展之前补足这个空缺。

（1）先规划再寻求交易机会。你必须感受到市场的趋势。市场分析有两个维度：

进行这两种分析，你所要明确的是：

◎市场上哪一种需求的供给还不充足？

◎市面上已经有哪些消费者非常喜欢的房产？

◎怎样改善市面上现有的房产？

◎未来会需要什么类型的房产？

根据你的分析结果，拟订自己的房地产投资计划。这个计划并不需要太过复杂：

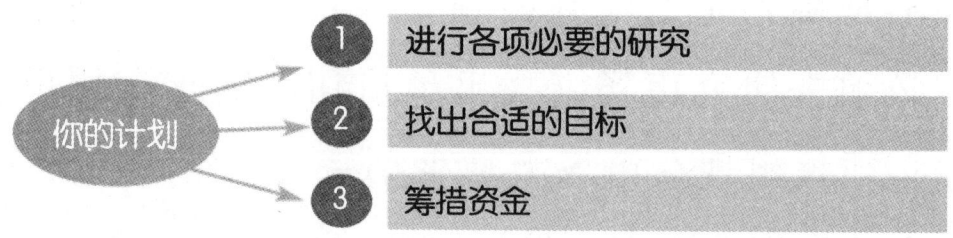

投资房地产最棒的地方在于，可以用来赚钱的方法有千百种。这种弹性非常有利，可是一不

小心，你也容易分心而无法达成目标。因此最好聚焦在你想要运用的特定策略上。制订计划并坚持到底。

不要看见某处房产就说："哇！这真便宜，我应该先买下来，等到市场复苏再脱手。"相反，你要看着这处房产想："这处房产还不错，但是它符合我的计划吗？"这两种不同的想法可能带来相当大的差异。

制订计划并持续专注于你想达成的目标，换句话说，书面计划可以帮助你不偏离重点。你可以从远大的长期目标往回推，想清楚自己目前必须做到哪些事项才能实现目标。计划能让你保持专注，朝同一目标努力。

（2）培养足够的眼界。要在房地产业获利，你必须创造价值，而不是只进行交易。简单来说，你创造的价值愈高，赚到的钱就会愈多，你要让自己创造财富的活动达到最佳状况。如果能够从别人没有想到的角度去观察，你就可以靠房地产发财。时时设法发掘不同的可能性和创意构想，借以开发房地产。你的思考要有弹性，而且要扩大自己的眼界，并想出实现计划的具体方法。

（3）完美地执行计划。不论你的计划多么有创意或多么了不起，都必须好好实现才能具有价值。毫无疑问，各种要素都必须齐备，才能实现计划。如果其中任何一项要素无法掌握，你的计划就可能失败。因此，你需要就不同的状况拟订计划，并计算各种计划的盈亏。要想让自己能够应对最终的市场条件，就必须学会利用市场现状，而不是寄希望于景气复苏。谨慎注意各项细节并执行计划，而且不要忘记在预算中预留一些应变空间，以应对可能出现的突发状况。最终的支出一定会超出你的预期，所以要对此作好准备。

（4）备好退场策略。最好能用适当的价格购买土地，这样就算你做的项目触礁，出售土地还是足以支付成本。或者你可以将现有的房产出租,用来支付改建项目的贷款。市场一直在改变,所以要随时准备好备选方案。

每个人都有取得卓越成就的梦想,却很少有人能让梦想变成现实。

伟大的发明家爱迪生曾说:"天才是1%的天分加上99%的努力。"这点我真的相信。不过除了汗水和努力之外,还必须要有可行的构想。你可能是工厂或矿山的工人,心想:"嗯,我要表现得比其他工人更好,我不要每天只工作8小时,我要工作14个小时。"这的确能激发你付出更多汗水,但充其量你只不过是增加工作时间而已。这样也不错,可是要记住,如果你想赚很多钱,则必须有远大的计划,让你的汗水真正转化为获利。

——豪尔赫·佩雷斯

四 运用谈判十法

要做好房地产交易的谈判，必须做到以下十点：

一是了解对手；

二是了解自己；

三是了解目标；

四是作好充分的准备；

五是只跟决策者做交易；

六是慢慢来；

七是认清一定会有状况发生；

八是要灵活并有创意；

九是建立长期关系；

十是行事要正直。

每一处房地产的谈判都有它的独特性，每次

你希望达成的目标也会改变,而且大家都想在谈判中赢得胜利,所以房地产谈判跟其他的商业谈判并不相同。

(1)了解对手。即了解对方想要达成的目标以及寻求的条件。唯有了解对方真正的目标和动机,并且建构出能在各个层面都满足对方需求的交易条件,你才有办法击败其他竞争对手。如果对方很清楚自己的目标,这对你会很有帮助,要用心倾听并了解对方。

(2)了解自己。先想清楚自己进行目前的谈判是想要达成什么目标。把你要带上谈判桌的条件弄清楚,并且想办法好好加以运用。有效凸显你所提出的独特条件,借此推销自己。让卖方认同你、尊敬你、信任你并相信你会履行自己的承诺。将卖方心中理想的买方特质全都呈现出来。

(3)了解目标。目标决定了你是要进行这笔交易,还是要放弃它。进行任何谈判都必须弄清楚自己愿意付出多少代价，以及何时应该喊停。同样，也要预先彻底想过，什么是重要的，什么是次要的。要为达成重大的协议，在一些不重要的点上让步。你可能采取的退场策略，也应该是每次谈判中不可或缺的一部分。

（4）作好充分的准备。在展开谈判之前作好完整的研究和分析，不要等到谈判开始后再作。在事前就针对相关房产和交易对象，获得一切必要信息。分析房产所在地区的土地使用分区状况和过去有人想作哪些改变，从中看出可能的谈判结果。可以的话，试着在规划阶段进行情境模拟，演练当对方提出各种问题时自己该如何应对。事先决定好回应的方式才能在谈判过程中掌握主动权。在谈判结束后，还要记录并反思你的心得，这在未来会很有帮助。每次作要作好万全的准备。

（5）只跟决策者做交易。不要跟决策者的代理人或幕僚做交易。如果你跟对手的律师谈判，真正的决策者会在某个阶段出现，要求更好的条件。这就是为什么你最好一开始就直接找到决策者，设法协商出双方可以接受的条件。如果你搞错对象，跟非决策者交涉的话，可能浪费大量时间，并且付出远高于你原本设定的代价。

（6）慢慢来。在谈判中总是动作慢的人获胜。时间是一项工具，也是谈判的绝佳武器。不要匆忙接受任何人第一次提出的条件，因为那其实只是个起点。在所有谈判中，都要让对方先提出他们的条件，让其浮上谈判桌，确定他们的底线是什么。如果你被迫先提出条件，就要尽量留下可以加码的空间。要敢于在谈判过程中，特别是在对方有时限压力的时候表示自己要退出，以判断对方的兴趣到底有多高。寻找线索，让自己在谈判中以不同方式善用时间。

（7）认清一定会有状况发生。达成协议耗时愈久，就愈有可能无法签订协议。最好设法在达成协议的当天或第二天就完成相关文书。如果你拖拖拉拉，就等于是在制造机会让状况转坏，让替代方案出现，或是等着受到意外事件的干扰。

（8）要灵活并有创意。要认识到谈判是会随着时间自然演变的。环境会改变，不要一味坚持既有目标，要想得更远一点。注意新的发展，并且思考如何对其加以善用。保持开放的心态，你就可能找到各种有趣的方法，缩小你跟对手需求的差异。谈判并不是静止不动的过程。在房地产交易中，除非你是真的不想要这笔交易，否则"不"永远都不会是最后的答案。总会有不止一种方法可达成目标，所以当机会来临时，要懂得随机应变。

（9）建立长期关系。这可以说是所有谈判最重要的目标，不要为了获得短期利益的交易而牺牲你原本可能建立的长期稳固关系。谈判从来都不会只关系到单一议题，而是会深入影响双方的后续关系，所以明智的方式是留下一点好处给对方，而不是积极设法从每次谈判中榨出最后一丝利益。如果你在不必要的地方给对方一些利益，对方就会感受到你注重彼此的关系。这样做会在市场上为你打造出良好的声誉，因而绝对不是一件坏事。

（10）行事要正直。这样做你可以心安理得，睡得安稳，而不诚实的人迟早会露出马脚被抓到。虽然不一定会坐牢，但保证会摧毁名声，让他在未来很难找到愿意与其合作的人。凡事照规矩，按时缴税，公开实际状况信息，这样一切都会变得简单。不走捷径会赢得别人的尊重。当你建立正直的声誉之后，那些有问题的交易就会远离你。

关键思维

一定要留点利益给对方，建立关系比做成一笔生意更重要。

——豪尔赫·佩雷斯

你被拒绝的次数一定会比被接受的次数还

多,相信我,如果不是这样的话,谁都可以当房地产开发商。不要放弃,也不能放弃。

——豪尔赫·佩雷斯

起步之后就要忘记你只拥有有限的资金。否则,你就会绑住自己。如果你希望自己跳跃,那么你必须先相信自己能飞。不要听信那些害怕失败的人的话。

——豪尔赫·佩雷斯

点屋成金

五　学习如何获取融资

要成功获取融资,你需要做到以下几点:

一是准备好所有问题的答案;

二是投入自己的资金以展现决心;

三是进行打动人心的展示;

四是持续沟通以维持关系;

五是建立扎实的成功记录。

市场上有很多资金想投入房地产。许多投资人准备将资金投资在看好的土地或建设项目上,还有很多放款业者愿意提供贷款。他们有什么理由不这么做呢?这可是最安全的投资方式之一。除非地段真的很差,否则房地产长期下来几乎都会增值,而且所交易的产品是看得见、摸得着又真实的。房地产并不是含糊不清的快速致富点子，所以可以吸引非常多的资金。

如果你以为取得房地产的融资就只是伸手找人要钱那么简单，那当然是太过天真了。取得融资比较像推销，你必须准备好完整的文件，并且要向你的资金来源证明，他们一定会得到他们想要的。如果是好的标的，这并不困难。

房地产交易的融资通常可分为下列两种来源：

投资人——通常只会期待在建设项目获利时分得丰厚利润

放款业者——不论目标涨跌，都会要求回收本金，还要加上利息

要取得你想要的融资，必须做到下列几件事：

（1）准备好所有问题的答案。对于你想促成的交易，要知之甚详。投资人会希望你了解相关状况、风险高低以及他们可能得到多少收益，而放款业者也会有同样的考虑。如果你对各项数据可以倒背如流，并事先就掌握他们可能提出的问题，也清楚所有的答案，他们就可能相信把钱交给你是正确的。

（2）投入自己的资金以展现决心。要证明你和合伙人有福同享、有难同当。在交易中，投入自己的资金会让对方觉得万一投资失利，你也会有所损失。放款业者会注重这点，而且通常会有正面回应。要记住的是，自己投入的资金未必是现金。你可以设法变更土地名目使土地的价值增加，借以增加房地产的持有比例。或者你可向建筑师保证，如果整个建设项目有所进展就会把更多后续工作委托给他做，借以请建筑师帮你规划初步方案。你可以想出各种各样的方法来善用房地产项目的价值，重要的是要向潜在放款业者展现你的决心，这会让他们相信你会为所当为。

（3）进行打动人心的展示。这样做的目的是让放款业者相信你会说到做到，并确保建设项目能够竣工。要记住，你的展示必须让放款业者充分了解一切有助于他们作出决定的信息。要配合观众来设计内容，因为每一个人的优先考虑和偏好都会有所不同。

面向放款业者的展示通常包括五个部分：

◎一段介绍整个建设项目的简介文字。

◎一页说明各项财务预测的摘要。

◎项目完成后的示意图或图片。

◎更多详细的预估数据。

◎市场分析（包含宏观和微观两种）和比较。

展示的主要目的是让放款业者相信你胸有成竹，并将让整个项目顺利完成。要想尽办法去建立这种可信度。

（4）持续沟通以维持关系。取得融资后不要就此不见踪影，而是要让放款业者知道目前的进度如何。定期让他们了解项目的进展状况，并带他们到现场视察。要注意，一定要把实际情况原原本本地告诉他们，不管是好消息还是坏消息。一定不要让他们因意外状况而吃惊。要表现出你未来还想跟他们进一步往来，而且绝对会说到做到。

点屋成金

（5）建立扎实的成功记录。证明你会全额偿还贷款。你必须对着放款业者问心无愧地说："在还清贷款之前，我不会从项目里拿走一毛钱。在我的职业生涯中，我从来不曾拖欠任何一笔贷款，也不曾迟缴任何一笔款项，而且我现在也不打算这么做。"放款业者会尊重这种态度，因为这表示就算状况不顺利，你也不会坑他们的钱。你过去的记录就是你个人信用的基础，所以要让你的记录载满一连串的成功事迹。

这就是为什么你在刚开始操作的时候，即使倾向于继续持有投资的房产，也还是要把它销售出去。销售记录会让人确信你经营成功，并彰显你的业绩。销售也会为放款业者带来实际的收益，并且建立你的声誉。拥有一连串的成功事迹能证明这个项目的价值，并且会让放款业者完全听从你的意见。

六 学习如何销售手上的房产

在房地产业,销售就是王道。为此,你可以采用"五步销售法":

第一步,唤起注意,创造机会;

第二步,引发兴趣,营造专属感;

第三步,勾起渴望,提升可信度;

第四步,挑起购买欲,塑造价值感;

第五步,激发需求,施加错失机会的压力。

最成功的房地产开发商都是在动工之前,就已经在销售他们的产品了。先售后建是相当聪明的生意手法,能让你一开始就确保获利,而不会一边盖一边期待着生意上门。事实上,明智的房地产开发方式大致如下:

◎一安排好融资银行和建筑承包商,就让你

的销售团队开始运作。

◎运用图片等方式向潜在顾客宣传并观察他们的反应,并刊登一些广告来测试市场反响。

◎如果广告能够引起潜在顾客的兴趣,就可以放心地在工地设立接待中心。

◎如果足够多的人下订单,就举行大型的促销活动。

◎如果足够多的人付订金,你就知道这个项目很可能成功,那么就可以开始动工了。

不可否认,这种预售方式在房市景气的时候最有效。重点在于,真正聪明的做法是,只有在风险降低时才投入更多资金。预售也会制造话题和强烈的紧迫感,两者都是你最好的助力。更棒的是,预售还意味着你不至于赔了夫人又折兵,且预售绝对是用来判断建设项目是否可行的最佳市场调查方式。

取得稳定销售的途径从来不曾改变。产品可能变,目标顾客可能变,广告、宣传手册还有销售说辞也几乎一定会改变，但是销售的五个步骤从来不曾改变。每次你都必须一路引导顾客，从吸引他们的注意开始，直到让他们签约为止。你要唤起他们的注意，引起他们的兴趣，接着让他们产生渴望，萌生购买欲，最后产生迫切需求。要特别注意最后一个步骤，光是制造需求还不够，需求还必须迫切，一定得是那种会让顾客签下支票的需求。每个人都有很多未必会去实现的需求。我们可能必须在周末之前帮老板做完某项工作，但是因为某种原因，直到星期五早上仍然有很多其他事情使我们无法抽身完成那项工作。那时它就会突然变成迫切需求，让我们不眠不休直到完成为止。销售流程背后的心理因素也是同样的道理，我们要先制造话题，然后将其发展成迫切需求。

五步销售法流程如下：

（1）唤起注意，创造机会。通过创造诱人的梦想唤起注意。消费者想买的房子要能让他们抛开琐事在游泳池里好好放松，观赏日落，并且享有更优质的生活。要销售新的建设项目，就必须触动这种梦想并加以强化。你可以尝试从直邮营销公司购买邮寄名单，或是和拥有顾客名单的房地产中介合作。

（2）引发兴趣，营造专属感。开始宣传你的建设项目所具有的独特性，告诉客户已经有很多人表示感兴趣，所以你不希望他们错过这个机会。制造话题，告诉他们你还没有正式销售，但是正在建立优先名单，名单上的人有机会在公开销售前先行选购。搜集客户姓名，发布预热广告，建立网站，让大家更深入了解这个项目，并加入优先名单。

（3）勾起渴望，提升可信度。通常可以设立有成品模型的接待中心，在消费者来参观时，他们的渴望程度会因为建设项目更具体可信而升高。从签约下订单的人数就可以清楚看出这个项目最后会有多成功。

（4）挑起购买欲，塑造价值感。邀请优先名单上的客户来参加贵宾销售活动，只有受邀客户才能参加。活动要在公开销售之前不久举办，而且要清楚地说明，必须本人亲自出席活动才有优先购买的权利，未出席者就失去机会。要为这场贵宾专属活动准备美馔佳酿，并且要安排大批销售人员来收取可退还的购房订金。这场活动的声势愈浩大，愈多人出席来抢购有限的几套房屋，就会有愈多人觉得他们也得为自己买一套。

（5）激发需求，施加错失机会的压力。方法是随着销售户数增多积极拉高售价。在销售量达到20%的时候，就要提高价格，这样你的销售人员就可以把下一波涨价当作推销依据，促使顾客马上购买。尽可能多设计几次涨价，通常采用的次数是8次。消费者看到价格上扬时，价值感就会跟着上升，因为他们买的房子会立刻增值。接着大家会开始很着急，想在价格再度上升之前替自己买下一套。他们会担心再等下去自己会遭受损失，这会对你非常有帮助。

另外还有一个重点要谨记在心，那就是你绝对不只是在销售单一的产品，还是在为将来要进行的项目建立自己的品牌和声誉。要设法建立终生顾客，而不是双方交易一次之后就不再往来。这表示你的销售流程不是在顾客签约后就结束，你必须继续和他们保持关系。你可以每季寄发通讯，定期告知最新的施工进度。

如果建设项目的规模够大，你甚至可以策划一本限量发行的专刊当作赠品，运用生动的说明和清晰的图片来描绘你正在构筑的梦想。用点小技巧来帮助你滋养顾客的梦想，让梦想鲜活呈现。这样，不只是你的顾客，他们的朋友和同事也会对你未来的建设项目产生期待。

关键思维

相信我，在房地产业，推销就是王道。如果你不懂得推销，你就会失败。不管你的房子

家有房产

有多好,只有卖出去了才能赚到钱。没错,我是开发商,我之所以如此成功,是因为我是杰出的推销员。

——豪尔赫·佩雷斯

我自己负责的第一个项目是修缮21套联邦政府补贴的公寓。这是一次美好又恐怖的经验:在每一个白天里我都会碰到新的问题,而等到每天晚上睡觉时我都害怕自己会失败,可是我没有失败。我学到很多,也赚到大笔利润,其后马上投入下一个计划。经过几个项目之后,我改做市售的公寓大楼,然后做豪宅,再后来做公寓,而之后的发展就家喻户晓,不必赘述了。每一个项目都让我了解到自己有能力操作到这种规模,也给了我更上一层楼所需的经验。这就是说要借着经验的积累,去迈开更大的步伐。

——豪尔赫·佩雷斯

《福布斯》杂志曾邀我为年轻创业者提供建议,我说:"要全心全意投入,设定高远但可以达成的目标,并且付出极度的努力来达成这些目标。"我认为不论靠何种方式致富,都需要25%的运气、25%的智慧以及50%的努力。

——豪尔赫·佩雷斯

七　应用房地产开发八大原则

要做出最佳的房地产开发项目，有下列八项指导原则：

一是重视品质；

二是注重细节，造就差异；

三是建立品牌；

四是不要因小失大；

五是让承包商与你站在同一阵线；

六是了解顾客想要什么；

七是把钱花在大家看得到的地方；

八是作一个大改变。

如果你真的决定进行自己的房地产开发项目，就必须下定决心成为本地最优秀的开发商。只要你开发出最优质的产品，大家就会愿意付高价购买，因为他们相信你的产品具有这个价值。

（1）重视品质。不要去销售连你自己都不认同的产品。尽你所能建造最好的产品。不要卖给顾客你自己不想要的东西。得到大家的欣赏，让他们不厌其烦地向朋友宣传。要打造出真正能让自己骄傲的房产项目，并且要站在顾客的立场上思考，确实满足他们的期待。

（2）注重细节，造就差异。A 和 A^+ 的差异，通常就是在于非常微小的细节。永远不要停止追求品质，即便这会让你的钱包失血，品质永远不会嫌高。要让大家看到你的作品时，能一眼就看出因为你精益求精才成就了完美。

（3）建立品牌。即使建设项目已经全部预售完毕，也不能马马虎虎。不要接受劣质产品，你所盖的每栋建筑物都是你未来最有价值的营销利器，它们会传达出你的品牌特征以及你的坚持。要在房地产业获得长期成功，就必须建立重视品质的声誉，而不是想尽办法偷工减料，变成信誉不佳的不良企业。要用卓越品质提供绝佳产品。

（4）不要因小失大。不要一心想着在小地方斤斤计较，结果长期下来造成更大的损失。做房地产业一不小心就会过于节省，最后降低了自己资产的长期价值。对于你建造的任何建筑物，都要仔细注意整体景观、配色和基本装潢。加进一切可以注入活力与生气的元素。这些元素不一定要花大钱才能引人注目，但是对整个项目的价值会有相当大的加分效果，而加入艺术之类的元素更会增强效果。运用你的想象力。如果你不具备这方面的专长，就付费寻求好建议，让你的建设项目特别亮眼。如果你吝于做这些微妙的装点，虽然可以在当下节省一些成本，却会让你在未来进行下一个项目时损失更多。现在多花点钱，为你建造的建筑物增添精美的装饰，这绝对是对未来的明智投资，往往能够为你带来好几倍的回报。

（5）让承包商与你站在同一阵线。即使是世界上最完美的计划，用了不好的承包商，也会变得一文不值。如果你不够谨慎，劣等承包商造成的错误可能要花上你两倍的成本去弥补，更别提顾客还可能去告你。要避免这种情况出现，就必须在一开始便找到优良的承包商，核查他们过去的表现，确认他们有执照并交纳了履约保证金。

征询他们过去客户的意见，在签约发包之前确实进行调查，这远比你事后再想办法善后要容易得多。找到优良的承包商之后就得善待他们，变成他们最好的顾客。提供奖励办法鼓励他们提前完工，并且要按时付款。只要你花时间和心力经营彼此的关系，他们会一再为你效劳。

（6）了解顾客想要什么。时时向顾客请教，持续开展市场调查，不断询问顾客他们喜欢和不喜欢的事物，然后设法提供更多优质产品。只要持续请教，你就会一直进步，并学习到如何在未来制作出更好的产品。市场调查不要只局限在自

家有房产

己的运营范围内，要去观察竞争对手的产品并发掘其顾客的喜好。不要不好意思仿效市场上受欢迎的产品。找出消费者的需求并加以满足，开发有创意的解决方案来解决大家的问题，这样要销售自己盖的房子就不会有任何问题。

（7）把钱花在大家看得到的地方。这对公寓而言通常是指浴室、厨房、地板、景观和休闲设施，而不是管线。在极为显眼的项目上增加预算，少花点心思在看不到的地方。把钱花在会影响顾客作决定的重要事项上。

（8）作一个大改变。例如为公寓盖个更昂贵的大厅，可能要增加10万美元的成本，但是和每一套房子都进行2000美元的修改再乘上300倍比起来，这可是便宜得多。注意作什么样的改变足以影响到整个项目。增添一项极为显眼的改变就足以产生巨大的影响，所以要持续寻找杰出构想。

八 时时学习和成长

专注于以下方面可以帮助你在房地产开发业保持成长：

一是时时掌握各项数据；

二是切记人才最重要；

三是壮大自己以控制变数；

四是眼光一定要放远。

房地产开发的基本原则不曾改变。如果你想取得长期的成功，就必须坚持学习。在你的经验日渐丰富之际，要专注于下列四个重点：

（1）时时掌握各项数据。如果你不确定自己到底赚了多少钱，又支出了多少钱，那么就容易失败。你会在无法为顾客创造价值的项目上，耗费自己无力负担的资金。要在房地产开发业赚到钱，你就必须看紧你的支出，妥善管理，并时时谨慎小心。对现金流要非常注意。如果不好好管理现金流，你就无法生存下去。要尽早抓出潜在的问题。

（2）切记人才最重要。你必须训练员工采取各种必要方法帮助公司成功。延揽人才，这样你才能专注在一切可以替公司创造最大价值的事务上。让身边充满能让你放心托付任务的人才。如果能够延揽到实力强大的员工，你这个管理者的工作就会更轻松，所以要学习如何吸引并留住优秀人才。寻找那些胸怀热忱的人才，并给予他们发挥的机会。你聘请愈多值得信任、有创造力和能力强的员工，公司就愈容易管理，愈能蒸蒸日上。

（3）壮大自己以控制变数。尽量将各类房地产开发业务都整合在公司之下，这样将为你带来极大的优势，因为你能比竞争对手应对更多变数。把所有顾客需求都交由公司自己来处理，

点屋成金

创造让业务突飞猛进的成长引擎。在起步的时候要尽量外包,不过一定要把外包当作一种短期策略,借以从中观察各方的做法,并建立人才库供未来延揽之用。当你的公司日渐壮大并有更好的财务能力时,就可以逐步开始聘请顶尖人才来替你效劳。

(4)眼光一定要放远。在你作短期运营决策的时候,也千万不要忘了未来希望达成的目标。和优秀人才建立稳固关系,借以打造自己的品牌,不要利用你希望建立关系的合作对象,要成为他们的顾客、承包商或是伙伴,并且从事会让人想来共襄盛举的事业。设想一些对自己不利的情境,并想想万一真的发生,自己该如何应对。思考你想树立什么样的风范,并想想目前可以做哪些事,才能在未来留下让人怀念的事迹。胸怀大志,然后备齐所有要素让梦想实现。这绝对是做得到的,所以你要下决心达成目标。

家有房产

九　绝不停止改变或适应

要把握未来，就需要做到以下几点：

一是认清变化是必然的；

二是不要安于舒适圈；

三是把握市场带来的机会。

如果你拥抱变化，就能好好把握未来。变化总是让人提心吊胆，但是以下认识和做法可以让变化成为你的助力，而不是阻力：

（1）认清变化是必然的。你必须保持灵活。简单来说，你必须适应变化，否则就会被淘汰。用心观察各种新兴趋势，并设法比其他人都抢先一步。保持开放的心胸，拥抱时时加诸你公司的各种变化。分析市场走向，勇敢尝试各种新事物。要勇于定期投入新领域，借以重新塑造你的公司，也要习惯问题一定会比答案多，所以每项计划都要有备用方案。

（2）不要安于舒适圈。换句话说就是不要自满。不要以为未来就是一再重复过去，而要每天都重塑公司。要督促大家摆脱原有框架去思考，尝试新的事物。要避免套用公式，因为它们迟早会跟不上不断变化的市场。

要成功，就必须随时聚焦在未来的愿景上，并设计出不同的方法。要随时注意各种新的机会、新的方法以及你能提供的新产品。

（3）把握市场带来的机会。关注并适应变化，接受市场力量的引导，并运用自己的直觉和经验，去发现未来的新机会。房地产市场永远处于变化之中，当全新的商机不断涌现，对陈旧观念的需求就会逐渐消失。要成功，就必须不断离开陈腐的观念和市场，迈进生机勃勃的新领域。注意各种迹象并欢迎新机会的到来，应用现有的经验来促进成长。

家有房产

关键思维

我的出发点并不是要成为亿万富翁,不过我做到了,而且你一样也可以做到。我是靠房地产业成功的,我在第一年赚了 100 万美元,而且完全没有用自己的钱,那时我 27 岁。从那时候起,我公司的获利没有一年不增长。这让我了解到,如果你想致富,投资房地产绝对是达成目标的最佳方法之一。

——豪尔赫·佩雷斯

富爸爸房地产投资指南

The Real Book of Real Estate

Real Experts. Real Stories. Real Life.

原著作者简介

　　罗伯特·清崎（Robert Kiyosaki），投资家、创业家和教育家，曾在美国海军陆战队服役，之后进入施乐公司任职。后来自行创业，销售尼龙和粘带扣等产品，之后又创办了国际教育机构，教授理财知识。1994年，出售了公司持股并退休。1997年，出版了稳居畅销书排行榜多年的《富爸爸穷爸爸》。后来又重出江湖创办新公司，设计讲授理财知识的教育课程。"富爸爸"系列丛书已经出版26本，总计在全球销售超过2700万册。

　　本文编译：王约

主要内容

关键词解读	血汗股权与血汗产权 / 111
	应享权利 / 113
主 题 看 板	清崎眼中的房地产 / 115
5 分钟摘要	房地产专家的忠告 / 118
轻松读大师	一　学习做房地产这门生意 / 120
	二　开展房地产投资项目 / 131
	三　利用房地产赚钱的创意方法 / 142
	四　开始房地产投资并坚持下去 / 153

关键词解读

血汗股权与血汗产权

在不同场景下,英文的"sweat equity"可译为"血汗股权"或"血汗产权"。

血汗股权是指员工为企业付出劳动力和时间,从而换取公司的股权。某些新创公司的员工为了换取公司的股票或股票期权,愿意接受低于市场行情的工资,甚至可以不领薪水。血汗股权也代表创业家投入到新创企业的时间和努力所带来的价值。当评估一家企业的价值时,投资者通常会将创业家的血汗股权连同其他投入企业的资产计算在内。

血汗产权一般指破旧房屋的承租者对房产投入增值劳动,最后获得该房屋的产权。有人盖自己的房子是为了满足筑屋的梦想,然而在美国,有人盖自己的房子是为了省下一大笔钱。美国政府为了协助少数族裔摆脱"无壳蜗牛"身份,早日拥有自己的房屋，提供了许多补助贷款和方案，"血汗产权计划"便是其中一项。如果低收入者想自己盖房子，就可以利用政府提供的这项方案自建房屋。加入这一计划，房主只需要具备基本的建筑知识，而且不用花费太多的钱，甚至不用付首付。只要与建筑承包商合作，不要求太高的房屋等级，房主本人就能参与房屋的规划与建设，通过付出劳动为自己省去首付，这种方式产生的费用甚至比租屋更少，还能享有自己盖房子的满足感。

血汗股权的概念也应用在许多公益慈善领域。血汗股权公司（简称SEE）是一个非营利组织，由时尚设计师马克·埃科和艺术设计教师内尔·乔丹于2004年创立，宗旨是通过让纽约市较贫困地区的高中生实际参与商业设计，协助他们建立信心，实现自己的梦想。杰米·奥利弗的十五餐厅也是个很好的例子，餐厅给一些曾经犯罪的青少年提供就业机会，让他们接受训练和考试，只要毕业，就一律被聘用为厨师。

应享权利

应享权利（entitlement）在美国是一个用得非常普遍的词语。"Entitlement"的原意是指给一个人加上头衔。在西方过去的封建文化之中，受封头衔是件重要的事，它带来的不只是名号和工作，还有相伴而来的种种特权。因此，该词也指随着贵族封号而来的财富和权力。封号愈高，就享有愈多的特权和利益。封建时代早已结束，如今该词引申为一个人应该享有的权利，意指医药保险、失业津贴、儿童抚养津贴等国民应当享有的福利。

在美国的大部分华人对房地产的投资仅限于房屋投资，对土地投资的接触较少。然而，了解土地投资才能保障自己的权益。在房地产开发上，土地价值的高低往往由其用途决定，而应享

权利则可增加其附加价值。土地开发商拥有的应享权利往往与土地的价值成正比。因此，在土地买卖中往往会附带各种不同的条件，诸如生态环境评估、土壤检验等法规上的要求，还有临时地图、最后成图、建筑许可证等阶段性的规范。这类土地买卖往往费时费力，聪明的土地主与开发商会委托专家处理，反而能花更少的钱创造出更多价值。

清崎眼中的房地产

"对我而言,房地产代表着自由,意味着掌握自己的人生和未来。"这句话出自《富爸爸房地产投资指南》的作者罗伯特·清崎之口,听来格外引人深思。房地产到底有多迷人?请看下面这个有趣的故事。

麦当劳创办人克罗克在一次讲演结束后,与在场的大学生们到酒吧续谈,克罗克问:"你们有谁能告诉我,我是做什么的?"一阵笑声之后,一个学生回答:"大家都知道你是卖汉堡的。"克罗克答道:"各位,其实我不是卖汉堡的,我真正的生意是房地产。"克罗克解释说,他的长期事业计划,其实是将分店出售给各个合伙人。他一向重视分店的地理位置,而今麦当劳已是世界上最大的房地产商之一,所拥有的房地产甚至超过

家有房产

天主教会。

回过头来看清崎。他在1973年进入施乐公司,薪水虽不高但还是存了2000美元。他用这笔钱当首付,买下一套价值1.8万美元的房子,当起包租公,扣除房贷,每个月净收入只剩35美元。一年之后,借助房租收入,加上房地产增值,清崎又贷款买下第二套房子,然后以房养房,一路从套房、公寓发展到大楼和商用不动产。据说,目前清崎每个月收入约200万美元,其中有100万美元来自房地产收入。

买房子很可能是大多数人一生中最昂贵的消费,但对清崎而言,买对了房子,消费支出就可以换得大幅增值,成为让财富增加的投资。在有关专访中,清崎提到了他投资房地产的态度:"不赚价差,赚持续现金收益。"

清崎的房地产投资采取了和股神巴菲特有异曲同工之妙的"价值投资"。一般投资人在投资房地产时,往往只采取低买高卖的方式。而他认为，买房地产应该根据标的的买价和转租出去后可能获得的租金去计算收益率，着眼于未来5年或10年的"配息"，也就是可持续赚进的现金收益。

美国的房地产市场充满各种灵活的操作方法，其中有些虽然不够妥当，成为金融海啸的肇因之一，但参考这些方法，还是可以刺激我们想出各种有创意的操作方法。

5分钟摘要

房地产专家的忠告

你会很惊讶地发现,许多提供房地产咨询服务的"理财专家"居然从来没有投资过房地产。要学到投资房地产的窍门,应该听信那些言行一致的人。你将发现,经验最丰富的房地产专家会这样告诉你:

◎房地产或许在某一年处于低迷状态,即便如此,在发达国家永远都会有房市。大家都需要一个遮风挡雨的住所,投资人会让房地产维持在合理的价位。

◎投资房地产有太多种方法可以赚到钱,要在这个领域成功,方法不局限于逢低买进,然后在日后逢高卖出。投资房地产,有许多精致且风险较低的方式。

◎假如你拥有必要的技能,房地产会是绝佳

的投资标的。你可以掌握全局，不必将自己的财务命运交到其他人手上。这是很重要的优点。

当你超越投机操作时，你会发现投资房地产其实是非常好的致富工具，千万不要因为它不再流行或房市低迷就忽略它。继续操作，学习如何投资，那么房地产会是你个人长期致富策略的一部分。

一 学习做房地产这门生意

投资房地产是一门生意,如果你想要获得长期成功,就应该像经营企业那样操作房地产。要取得并维持领先地位,你需要具备以下五项要素:

一是可行的策略;

二是杰出的管理团队;

三是完整的会计记录;

四是实在的报表与指标;

五是税务知识。

1. 可行的策略

每一个成功的企业都会规划要如何赚钱,在房地产业也不例外,你必须拟订计划才能成功。不过,房地产业有非常多的方法可以赚到钱。人们不仅可以低买高卖，还可以从无到有建设新的房地产项目，投资商用不动产，靠出租房地产创造强劲现金流等。房地产业有各种不同的方式可以创造可观财富。

要拟订你自己的投资策略，你需要：

（1）设定目标，即你希望通过投资房地产取得多少获利，何时取得。

（2）要想想如何才能实现财富净额和现金流目标。

（3）判断什么程度的房地产投资可以创造你期望的现金流。根据经验来看，一般你需要投资100万美元，才能创造5万美元的现金流。

（4）看清自己目前的状况，也就是将你的资产加起来，扣掉你的负债之后，你目前的净资产是多少。

（5）设定目标时限，即规划好你为了达成未来的净资产目标，必须循序渐进完成哪些事项。

（6）判断哪一种房地产类型适合自己，如独户独栋、联排住宅、商用不动产、工业用地、待开发土地等。

（7）事先决定你的投资标准是什么，如价位、你寻求的增值幅度、地点、现金流等。事先决定好你的投资标准可以让你在日后避免浪费时间。

2. 杰出的管理团队

拥有杰出的团队和合作厂商通常可以为你的房地产投资活动增加许多杠杆效益。要尽可能取得并善用团队中每位成员的时间、才华、资源、人脉、专业知识和能力。你应该审慎思考你的团队必须具备哪些技能，然后着手聘请你所需要的人才或组织。

一般而言，你的团队成员应该由你信任的人推荐而来。只要在事前达成协议，说清楚每位团队成员应尽的责任，以及他们可以获得什么收益，就能顺利开展工作。一开始把这些内容白纸黑字写清楚，可以避免将来产生各种误会。

团队到底该由哪些人组成，要视你想进行的房地产项目的类型而定。你的团队大概需要以下成员：

◎经验丰富的房地产律师。

◎1名以上的房地产销售人员。

◎精于房地产的会计师。

◎了解当地最新建筑法规的建筑师。

◎专业的测量师。

◎危害物质现场评估工程师。

◎过户公证人员/公司。

◎房贷经纪人。

◎保险业务员。

◎承包商。

◎土木工程公司。

3. 完整的会计记录

简而言之，投资房地产就是进行数字游戏。会计做得好，报表就会清楚明了，也就能让你作出有事实依据的恰当决定。假如没有清楚的

家有房产

资料可用,就很难算出什么时候该卖掉某处房产,或者应该在投资组合中进行哪些调整才能产生你想要的成果。

要建立和维护完整的会计记录,应该:

(1)把财务资料当作决策过程中不可或缺的一部分——进行会计记录不只是为了报税,要和你的会计师商讨,让数字能够切实帮助你经营事业。

(2)记录要明确翔实——从实际操作层面来说,就是要把一切资料都纳入会计记录系统。制作方便使用的会计科目表,分别在借方和贷方记录下每一笔交易。每一项收支都要记录在册。

(3)方法要一致——各种支出都要用同一套方法记账,而不是这个月把某个项目归为某个类别,下个月又归为另一个类别。

(4)经常输入资料——不要等到月底更新数据变成令人却步的工作时才去做。切记,只有随时更新记录,才能根据事实作出合理的决定。

(5)善用所有可用的工具——充分利用网上

银行、自动付款软件和会计软件。各种工具可以节省你的时间，方便你将财务资料分类整理。

4. 实在的报表与指标

卓越的企业一向运用指标来管理运营，也就是去评价每一天的业绩。投资房地产也不例外。假如你不清楚自己的运营数字，就容易有决策不良的风险。要清楚掌握你的房地产投资，应定期制作下列报表：

（1）现金流量表——记录每一处房地产和你房地产事业整体的现金流向。要长久经营，追踪每个月的现金来自何处、流向哪里是非常重要的。

（2）比率分析——为重大的决策提供参考。注意各种比率的变化，留意逐渐成形的问题或是必须立即处理的状况。经营房地产最常用的比率有以下几项：

◎ 资本化率＝运营净收入 ÷ 房地产价值

◎ 投资回报率＝（年度增加值＋收入）÷ 所投资现金

◎流动比率＝流动资产÷流动负债

◎资产收益率＝运营净收入÷总资产

（3）对照报告——将你持有房地产的实际绩效数据与产业标准、以往绩效或预算进行比较。你可以清楚了解，和整个市场以及自己的期望比起来，自己的经营表现如何。

要注意的是，房地产可以分为许多不同的资产类型：

◎独栋独户住宅。

◎多户住宅，如复式楼或公寓大楼。

◎店面。

◎商务写字楼。

◎厂房。

◎医疗院所，如医院、疗养院、养老院。

◎旅游住宿设施，如饭店、度假村。

在每一种房产类型之中，还有各种子类别和利基。重点是，不可能有熟知所有房地产类型的全能专家。你必须挑选出自己最喜爱的一类，专精于它。对所着重的类型，你要学会所有相关的门道和专业知识。

每一种房地产类型都会经历完全可预测的周期。对于你投入经营的那个房地产类型，你需要非常熟悉其周期，从而作出适当决定。只要注意其周期中各个阶段的相关指标，就一定可以知道市场下一步的走向。

例如，商用不动产的周期如下：

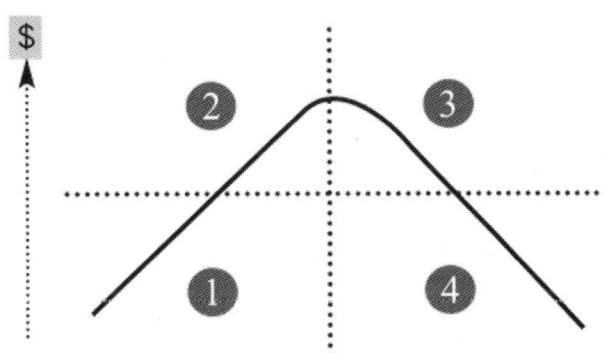

◎第1阶段：复苏——空屋率降低，也没有新的建设项目问世。房市行情上扬，正是进场的好时机。

◎第2阶段：扩张——行情快速上扬，带动新的建设项目，而随着市场上雨后春笋般地出现的许多新房产，空屋率开始上升。

◎第3阶段：供过于求——虽然新的建设项目仍然在推出，但市场开始萎靡。大家都想办法推测市场低点会落在哪里，会低迷多久。

◎第4阶段：衰退期——许多完工的建筑物乏人问津，因为大家都在等待市场触底反弹。这时不是进场的好时机，却是好好做功课、找出适当买进机会的良机。当市场好转，再度进入第1阶段时，就可以尽快进场。

5.税务知识

税法对你投资房地产的获利能力具有深远的影响。要配置好投资结构，就要在你的房地产投资中尽量求取合法正当的节税优惠。

要让所得税减少30%以上，你应该：

（1）请教优秀的税务顾问——让他们帮你拟订针对房地产投资的税务策略。

（2）留意你所采用的所有权结构——通常最好是以共有或独资方式持有房地产。

（3）记住，税收可减费用可能有很大影响——要记录并申报所有依法可减费用。

（4）一定要申报你建筑物的折旧——这是投资房地产的重要获利来源。更棒的是，你不必支出任何现金就可以获得这样的好处。

（5）要确实做好记录工作——少了这个，根本没有机会合法节税。

关键思维

投资房地产是一门生意，应该像经营事业那样操作房地产。每个事业都必须进行规划，你的房地产事业也不例外。所谓策略，就是为了达成特定目标而制订的系统的行动计划。

在美国等许多国家，房地产都是可以有效节税的投资标的。好消息是，如果你做生意，特别是如果那个生意是投资房地产，你就能轻易地把课税的税率从50%大幅降到20%~30%。

——汤姆·惠尔赖特

才华总是物有所值。要知道，聘请有能力和有才华的房地产团队来完成交易对你最有利。虽然一开始要付出费用，但是假以时日，你的投资会带给你物超所值的收益。你聘请的是这些人的头脑——让他们用头脑帮你解决问题。

——查尔斯·洛萨，美国房地产律师

对我而言，房地产代表着自由，意味着掌握自己的人生和未来。我不看好股票、债券和共同基金组成的退休计划，因为这些是由别人管理的投资。我要掌控自己的财务命运。可惜的是，有太多人却容许种种理由阻碍自己过上理想的生活。

——罗伯特·清崎

二 开展房地产投资项目

大多数的房地产投资项目都可以总结成一句话：大笔买进，小笔出售。能否持续做到这点关系到能不能赚到大钱。要想成功，就要牢记以下八个明确的建议：

一是了解真正的需求；

二是不断增加价值；

三是擅长分析标的；

四是做好查证工作；

五是由内而外创造价值；

六是寻找有创意的融资条件；

七是把你的房地产租出去；

八是妥善管理。

1. 了解真正的需求

买进未开发的土地，然后申请变更土地名称、分割土地，接着逐步出售，这是经久不衰的稳妥的房地产策略。诀窍就是要让你现在所做的努力符合未来的市场需求，创造消费者会在未来3～5年购买的房地产产品。

倘若你想买进一块未开发的土地，请先停下来想想这几个问题：

◎为什么这块土地至今未被开发？

◎目前的地主是谁，为什么他们不开发这块地？

◎在自己的设想中，这块地怎么利用最恰当？

◎如果发展一如预期，运营数据会如何？

◎我认为这里应该建造的建筑物，有谁会来买或租用？

大笔买进，然后小笔出售，这样做显然能够带来极高获利。只要你事先思考清楚了，当脱手的时机来了卖出去就行了。

2. 不断增加价值

如果你打算成为成功的房地产投资者,应该奉行这句格言:从问题中获利。你可以买到现任业主觉得麻烦的空地或建筑物,为其增加价值,然后找出各种各样的获利机会。

要增加价值,你应该:

(1)成为你居住地区的专家——通晓当地所有的问题和门道。

(2)先找出该地区最便宜的地段,然后想出应该让其中的房地产变成什么样子。

(3)寻找有问题的房地产——陋屋、法拍屋、空屋等,用积极正面的态度去筛选各种机会。

(4)构建绝佳的翻修团队——协助你完成买进、装修、销售、租赁、通过审批、建设、设计等环节的人才和专家。如果你已经有曾经合作过的提供各种翻修服务的团队,一切会更顺利。

在任何地点、任何市场状况下,都一定可

以找到有问题的房地产。解决这些问题,让自己获利。

3.擅长分析标的

能不能在一开始就对有潜力的房地产交易加以分析关系到操作的成败。愈懂得分析,成功的几率就愈大。这方面的指导方针有:

(1)永远不要忘记,未来一定还会有其他标的,因此不必非得买下所有摆在眼前的标的。耐心等待你觉得合适、符合你所有条件的标的。

(2)提醒自己,人的眼光各不相同——你喜欢某个东西,不表示其他人也都会喜欢。客观检视你的目标市场,寻找各种你想要销售的房地产,然后问问别人有没有可能卖得出去。

(3)就财务预测来说,如果你用垃圾数据去进行预测,得到的唯一结果就是制造更多垃圾,所以不要采用根本不切实际的数据。做好功课,运用真实的数据开展财务预测,否则只是白费力气而已。另外还要多思考:万一……怎么办?

（4）记住，你不可能靠谈判卖出地段不佳的房地产，所以连试都不要试。一定要找出最好地段，然后持续经营。

4. 做好查证工作

在寻找绝佳房地产投资标的时，往往一不小心就会忽略查证工作，只凭表面的证据就交易。这样做不是不可以，可是会有赔大钱买教训的风险。比较明智的做法是，构建专业的团队，让其针对你考虑买进的房地产，帮你充分做好查证。

扎实的查证工作应该包括五个部分：

（1）实体审查——请房地产管理公司审视你的运营和整修预算，确认预算切合实际且合理。

（2）法律审查——请律师检查你对这处房产所要进行的操作是否会有任何问题。

（3）产权审查——请产权公司研究一下你打算买进的房产，其产权是否如你所想的清晰、无债务负担、无抵押。

（4）第三方审查——取得和你投资项目相关

家有房产

的环境、屋况、估价、市场行情报告。

（5）会计和税务审查——请税务师计算一下，应该如何为这笔交易作最好的规划，才能把税收成本降到最低。

5.由内而外创造价值

室内设计是投资房地产的生手不太花时间做的事。这很可惜，因为好的室内设计可以大幅提升房地产项目的市值，也十分有助于缩短销售周期。

与你要组建专业团队协助你做查证工作一样，你也应该组建你所熟识的设计团队。设计团队通常要由以下成员组成：

◎建筑师——通常会扮演团队领导人的角色。建筑师负责绘制建筑图，规划建筑物的结构。

◎室内设计师——协助你作出合理而流畅的空间规划。

◎景观设计师——主管场地设计，帮你营造出最佳的第一印象。

◎总包商——建筑承包商,负责监工并管理其他成员的施工品质。

组建实在的设计团队能够为你手上的所有房地产项目由内而外地创造价值。

6.寻找有创意的融资条件

融资是所有房地产生意的命脉,除非你能取得资金去做你想做的事,否则一切都是空谈。理想和实际的分野就在于融资。取得融资的三个基本步骤是:

(1)制作书面的事业计划——明确说明你为什么要购买这个对象,要怎么操作它,以及你愿意承担多大的风险。你的事业计划应该指明你需要多少资金,以及这些资金的用途。

(2)拟订多套退场策略——包括可以让你赚大钱的理想退场时机和至少一个会让你少赚一点但可以避免套牢的退步方案。你所接触的每个募资对象都会想知道,如果他们想退出这笔交易,可以怎么做。要明明白白地说清楚。

（3）接触多个融资渠道——不只是你所在地区的银行。聘请能干的房贷中介，由他们去和各种资金提供者洽谈。你找的房贷中介最好要能接触到：

◎信贷公司和寿险公司。

◎房贷基金和投资银行。

◎避险基金、退休基金和信用合作社。

◎私募股权基金。

◎境外投资基金。

显然，你的房贷中介能够接触到的融资渠道愈多，你得到融资的机会就愈大。如果所有这些渠道都行不通，你也可以向亲友借贷。你也可能认识几名活跃于你所经营地区的创投业者或资金充裕的个人投资者。

7. 把你的房地产租出去

在你所进行的大多数房地产交易中，需要有人租用你的房地产，你才能支付贷款。既然如此，考虑自己处理出租事宜是非常不明智的，最好找家租赁公司帮你打点一切。

事实上，出租就是营销，是很繁琐的工作。只有业主和客户达成协议，双方都能获益时，才能实现出租。出租是一项艰难的工作，需要耗费大量人力，可是又不得不做，因为出租可以为你带来现金流。如果没有现金流，你就无法继续经营。

你应当寻找善于成交又能提供增值建议的房地产中介。切记，你的目标是建立互信关系并从中获益，所以必须跟你的房地产中介密切合作。找个你能信赖又能建立伙伴关系的房地产管理公司，而不是单纯的办事员。另外别忘了，如果你和合适的房地产中介合作，你的声誉也会提升，那会是不错的附加利益。

8. 妥善管理

任何房地产的价值，不仅取决于资产本身，还要看其投资绩效。要让手上的房地产增值，就必须对其进行适当且有效的管理。成功的房地产管理公司会从以下三个方面努力改进：

（1）收入——优秀的房地产管理公司会让你的房地产租金维持在合理水准，并且力求长期维持高出租率。优秀的管理公司将用尽一切可行方法，定期提升你出租的房地产的运营净收入。

（2）支出——顶尖的房地产管理公司会运用卓越的购买能力和税务规划，帮你降低支出。它们也会坚持要你对所有新的房客进行信用和犯罪背景调查，尽量避免事后花大钱驱逐房客。

（3）制度——稳健专业的房地产管理公司会建立完善的制度。它们规划完善，而且做事按部就班，因此能够制作每周你需要的现金流量表等报表。

简单来说，对业界充分了解、能力又强的房地产管理公司，能决定你是会达成投资目标，还是会赔大钱。在这方面想贪便宜会划不来，一定是一分钱一分货。要让你的房地产标的增值，一定要聘请专业的房地产管理公司。这是你一定要做的投资。

所有房地产交易都有风险。真正的专业投资人会找来绝佳团队,在每一个环节都增加投资标的的价值,借以管理风险。这点实在太重要了,不能靠运气。

——斯科特·麦克弗森
美国房地产估价商

信任对方,但是要求证。如果你不认识信誉卓著、可以放心交付投资标的的房地产管理公司,就请教你的团队成员。他们可能为你引荐杰出的业者。

——肯·麦克尔罗伊
美国资产管理业者

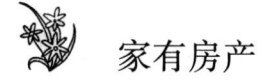
家有房产

三 利用房地产赚钱的创意方法

投资房地产最棒的事情之一就是，人们可以通过各式各样合法又有创意的方法赚钱。你不仅可以通过买进卖出获利，还可以进行以下七项活动：

一是合理避税；

二是不用首付购买房地产；

三是专攻法拍屋；

四是了解应享权利；

五是善用税收留置权进行投资；

六是进行产权交换；

七是兴建购物中心。

1. 合理避税

在美国拥有房地产是仅存的绝佳避税方式之

一。从税收的角度来说，房地产可以划分为以下四类：

◎留待未来开发而持有的房地产——被当作一般的个人收入来课税。

◎持有时间在1年以内的房地产——需缴纳短期资本利得税。

◎个人住所——根据婚姻状态，可以免征资本利得税。

◎持有时间在1年以上的房地产——可以通过年度折旧扣除额抵销成本。

事实上，美国政府非常热切地鼓励大家长期投资房地产，甚至提供所谓的"1031交换条款"（基于《美国国内税收法规》第1031条而产生，故有此名），允许你将一处房地产上享有的各种税收优惠，转移到另一处房地产上。想要成为精明的房地产投资人，就应该熟悉如何运用这一工具。

基本上，1031交换条款可以让你将销售房地产的资本利得转投资到所要购买的房地产上，将

家有房产

纳税的时间推迟到未来你指定的时间。原本要用来缴税的资金，可以用来购买新的房地产，因此1031条款可以说是靠房地产致富的绝佳方法。

不过要注意的是，税法中对于运用1031条款的规定非常严格，你必须符合所有明确的标准，并填具所有相关表格，才有资格申请。如果有任何错误，你的交换申请就可能被打回，因此你应该取得专业的协助。一定要找个曾经亲自处理过1031条款项目的会计师或税务专家，否则一不小心你还是可能被课税。

2. 不用首付购买房地产

就算你自己没有钱，你还是可以购买房地产。要做到这一点，关键就在于要用别人的钱去购买。取得别人资金的可能渠道包括：

◎用各种有创意的方式，请卖方为你融资。

◎销售所要购买房地产上的树木或采矿权。

◎找个现金充裕的投资人。

◎找合伙人。

◎借用中介的佣金并加以运用。

◎运用"血汗产权"的观念,用你提供的修缮服务的价值来换取房地产。

◎租赁房地产,并附带在特定日期前、以预定价格购买该房地产的权利。

不花首付购买房地产绝对是可行的,且该方法已经行之有年。诀窍在于要够灵活,运用有创意的方式达成交易。挑战也在于此,不过一切都是值得的。

3.专攻法拍屋

所谓法拍,也就是债权人卖掉房地产以收回所贷出款项的法律程序,这在房地产投资上是众所周知的方法。要靠法拍屋赚钱有个不错的方法,就是不要试图用该房产真正的市值打折后的价格来购买它。相反,你可以在法拍前先设法接洽业主,买下这处房产,让对方清偿贷款。这样业主不仅可以保有目前的信用评级,你也可以比那些准备在法拍时大捞一笔的投资人抢先一步。

要成功运用这种方法，需要具备三项元素：

（1）寻人策略——在业主被迫进入法拍之前接洽他。你可以运用分类广告、名片、传单、邮件、广告牌或网络广告，寻找即将面临法拍的业主。

（2）灵活定位——要让人觉得你是他的拥护者，而不是漫天砍价的买家。最好的方法就是向业主提供按部就班的解决方案，让他可以借此避免遭受法拍。要真诚地帮助对方，并开诚布公地表明，如果势不可违，你愿意投资。

（3）排除情绪障碍——要让对方和你合作，认为你是来解决问题的，而不是吸血鬼。要做到这点有个好办法，那就是采用自动回复系统，让对方可以留下信息供你考虑，无需和你面对面交涉。

只要你真的想帮助对方避免法拍，你就能自在地扮演"最后买家"这个角色，帮助对方免去遭受法拍的负面结果。

4. 了解应享权利

所谓"应享权利",就是由政府机关授予的许可,让你可以在未来以各种各样的方式操作你的房地产,例如建造、连通自来水管道或下水道,变更土地名称等。简单来说,只要能想出办法变更你房地产的应享权利,你就能提升它的价值。

要做到这一点,就必须了解大家希望如何运用房地产,以及当地变更应享权利的手续是什么。如果能深入了解变更应享权利的手续,就可以接触当地的业主,提议帮对方完成手续。这时,对当地变更应享权利手续的了解就会成为非常有价值的资产。

要通过为房地产变更应享权利赚取收入,对相关问题的了解确实是关键。如果你了解整个手续的作业方式,就能趁着房市衰退之际,着手变更各种房地产的应享权利。当衰退结束时,你已经作好万全准备,可以立即着手开发了。那是非常理想的状况,也说明为什么应享权利会被称为房地产获利领域"沉睡的巨人"。

5.善用税收留置权进行投资

税收留置权是最鲜为人知的房地产投资方法。如果某个业主没有按时缴税,政府就会对相关房产行使税收留置权并计算利息,然后可以用收取固定利率或拍卖的方式,将税收留置权出售给投资人。税收留置权会一直产生利息,直到欠税缴清为止。倘若未在期限之内缴清税额,投资人就可以取消该房产的赎回权,以欠缴税款的价格买下该房产。

可以想见,通过税收留置权进行投资,可能出现两种结果:

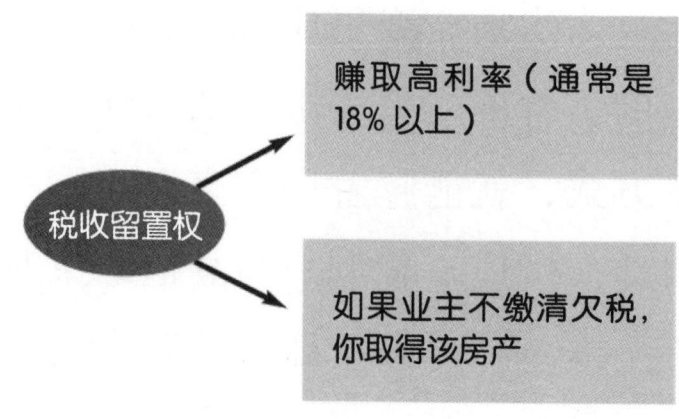

最好从一开始就想清楚，你希望出现哪一种结果，因为其查证内容有所不同。如果你选择赚利息，就要审视期限、收益率、该房产的风险等。要采取购入房产的策略，就要审视取消赎回权的可能性，以及你打算在未来进行哪些整修以增加其价值等。

两种结果都要求你组建杰出的团队，去协助你完成所有必要的资料分析工作。税收留置权是靠房地产获利的好方法，但必须建立健全制度，才能达成你所追求的成果。

6. 进行产权交换

大多数人以为，一定要有现金才能买房地产。其实不然，很多房地产投资人会用一个房地产的产权去交换其他房地产的产权。这样做在美国完全合法，而且符合《美国国内税收法规》1031条款的"交换"规定。为了促进这类资产交换，许多房地产投资专家会定期举行产权交易会议，让业主找出办法进行有创意的交换。

产权交换可以用各种有趣又有创意的方式进行。无需先把房地产换成现金就可以进行交易和买卖，这是很棒的事情，这表示人们可以进行两方或三方交易，以符合各方的喜好。产权交换可以解决现金缺口、面临法拍等问题以及各种财务状况。通过富有想象力的交易方式，一方可能将对方的财务包袱变成改善自己财务状况的财富来源。借助该方法，无需经过估价、核贷等手续，人们就能当场达成绝佳的双赢局面。

简单来说，只要能够熟练运用房地产交换的方法，就能赚到可观的财富。

7. 兴建购物中心

如果热衷于此，购物中心会是相当有利可图的房地产开发项目。要真正成功，就必须做好下列几件事：

（1）建立绝佳的关系——服务好潜在的承租人和你想吸引的消费者。简单来说，提供愈多吸引人的因素，大家就会在你的购物中心待得愈久，最终就会花愈多钱消费。向消费者提供令人满意的体验，他们就会大大回馈你的承租人。

（2）打造绝佳的建筑物——不只地理位置要好，还必须便利、实惠，并具有吸引承租人和消费者的外观。有一点非常重要，建筑物就是要显眼，从街上就要能看得见店面。唯有让消费者知道他们想造访的店就在那里，他们才会上门，为此必须让他们从大街上就能看见。有吸引力的外观能够吸引潜在消费者，并让他们持续感到有兴趣。

（3）留意购物中心的各项细节——零售业基本上就是讲究细节的生意。零售店会细心而周到地深入管理顾客体验。你不仅需要亲自参与，还必须预测未来 10 年零售商和消费者的需求是什么。你的预测必须符合零售业的发展趋势和当地的人口结构。

如果你打造出受欢迎的购物中心，既让消费者感觉舒服，又让零售商争相抢租，那么你的

 家有房产

投资就会带来惊人的收益。这需要某种神奇的魔力,如果能参与这种生意会很棒,可是要营造出这种魔力,却需要相当的努力。

四　开始房地产投资并坚持下去

投资房地产不一定会让你致富,但却会让你有机会变得更聪明。一定要充分利用它带来的各种学习机会。如果你可以做到这点,同时组建合适的团队,你将无所不能。要切记以下事项:

一是现在就开始;

二是坚持不懈;

三是争取你想要的东西;

四是不要找借口。

1. 现在就开始

毫无疑问,买进第一处房地产并冒险一搏是挺吓人的事。如果你没有想清楚,这种恐惧感可能让你却步,使你无法采取行动。正视自己的恐惧,竭尽所能保护自己,但还是要跨出第一步,成为房地产投资人。

学习些理论当然很好，可是只有通过拥有房地产，你才会有亲身体验，你的投资标的会一直教导你。你会学到：

◎在进行所有预测时，要预留用来应对意外状况的资金。

◎理想的财务预测和实际情况存在差异。

◎适时请律师为你指出潜在问题，而不是替你谈判交易。

◎付费去买你需要的建议。

唯有真正亲自拥有房地产，你在该领域才会从掌握理论走向实务操练，而实践更有价值。买进房地产，开始学习吧。

2. 坚持不懈

特朗普让事业大获成功的小步骤是：

◎找出你喜爱的事情，好好去做。

◎成为你所选择领域的专家。

◎知己更要知彼。

◎每天研究外界变化，也就是市场。

◎百分之百专注于成功的要素。

◎了解自己的盲点，也就是你假装看不到的地方。

◎设定高标准，然后全力以赴。

◎习惯进行正面思考，将焦点放在解决方案上，而不是问题上。

◎充满干劲——坚定不移，坚持不懈，保持灵活。

◎永不放弃。

3. 争取你想要的东西

房地产投资这个领域容不下畏首畏尾的人，表现最杰出的人会挺身而出，直截了当地争取自己想要的东西。如果做不到，他们就会开始谈判。开口争取你想要的东西，千万不要迟疑。要想让自己一再立于不败之地，这是唯一的办法。

4. 不要找借口

大家常常因为四种借口不去投资房地产：

◎相关知识不足。

◎太忙，没时间。

◎害怕投资失败。

◎视个人状况结合上述三个理由。

要克服这些借口并采取行动，你应该：

◎参加一些课程或阅读相关书籍，借此了解会遇到什么状况。熟悉如何投资房地产，其实并不难。

◎找到导师——已经达成你目标的前辈，请他们帮助你起步。

◎做好功课——要有心理准备，在出价买进任何标的之前，可能需要检视上百个购房机会。

◎从小处着手，并且要预见到，在你建立方法并学到相关知识前，一定会犯一些错。

◎保持谦逊，不要把自己逼太紧。要享受成果，设法从错误中学到教训。

◎抱持正确的心态，不要老想着"我买不起"，而是要去想"怎样才买得起"。就房地产而言，永远不会只有一种方法可以完成交易。找出你能接受的操作方法，努力借此获利。

◎未雨绸缪——时时提醒自己，世上没有所谓完美的投资，你就是得去处理突发状况。

◎提醒自己如果什么也不做，就什么也学不到，因此要让自己更上一层楼，唯一的办法就是去尝试。

关键思维

税金是我们最大的一项支出。如今，每个人平均要缴纳税率超过50%的所得税和各种隐形税。相较于投资股市和共同基金，投资房地产最棒的优点之一就在于，你可以少缴纳税金，而且这么做是合法的。

——罗伯特·清崎

大问题可以是大转机。如果你没有遇上大问题，可能也做不成什么大事。

——唐纳德·特朗普

 家有房产

在房地产和人生方面，不要不敢开口。最坏的情况就是对方说"不"。就算是这样，你的情况也没有比刚开始的时候更糟。开口问对方只花费两秒钟，信不信由你，杰出的生意人都期待你这么做。只要开口，就可以让自己和其他人有时间和机会提升各自的财务状况，并且创造价值。即使你一开口就得到可怕的"不"作为回答，也没有那么糟。当然，你可能得不到你真正要的东西。可是双方往往可以找出折中的办法达成协议，各让一点也各得一点。这就是谈判的威力。即便如此，你还是有所斩获。

——小唐纳德·特朗普

抱房生财术

HOLD

How to Find, Buy,
and Rent Houses for Wealth

原著作者简介

史蒂夫·查德（Steve Chader）和詹妮斯·多蒂（Jennice Doty），不动产投资公司合伙人，为上千所住宅和35处商用不动产提供管理服务。两人自20世纪70年代就开始投资房地产。

吉姆·麦基萨克（Jim Mckissack）和琳达·麦基萨克（Linda Mckissack），两人于1991年买入第一处投资用房地产，如今已经拥有79所独栋住宅、6幢商用大楼、2栋公寓大楼、6处出租用的度假小屋和5家房地产加盟店，每年创造的现金流超过百万美元。

本文编译：黄玩

主要内容

5分钟摘要	拥抱房地产，拥抱财务自由 / 163
轻松读大师	一　寻找 / 165
	二　分析 / 173
	三　购买 / 181
	四　管理 / 189
	五　成长 / 198
专家解读	抱房生财，取之有道 / 203

5分钟摘要

拥抱房地产，拥抱财务自由

房地产和黄金白银一样是有形的资产，而且一样会增值，长时间下来可能产生可靠的财务回报，创造财富。

在所有生财致富的方法中，购置房地产绝对是目前最有效且最可靠的长期策略。尽管它不是最快速的致富渠道，但与其他投资方式相比，投资房地产所需的资金较少，并且投资人具有较高的掌控权。

抱房生财术是一种长期的投资方法，包括以下步骤：

◎寻找——了解理想房地产的判断标准。

◎分析——精明地进行详尽的调查。

◎购买——立刻投入资金，别寄希望于日后。

◎管理——像经营企业一样经营你所投资的

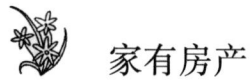

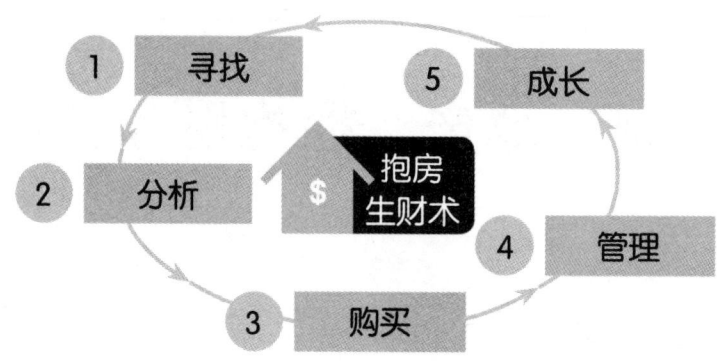

房地产。

◎成长——聪明地借力使力加速回收。

90%的百万富翁是靠拥有房地产成功的。

——安德鲁·卡内基,美国知名工业家

一　寻找

抱房生财术的重点在于将风险降到最低，追求最大的财务收益。靠房地产赚钱的秘诀是购买理想的标的。因此，你必须建立正确的判断标准，分辨哪些对象值得购买，哪些不值得。

投资房地产最大的好处之一是可以通过三种方式赚取财务收益：

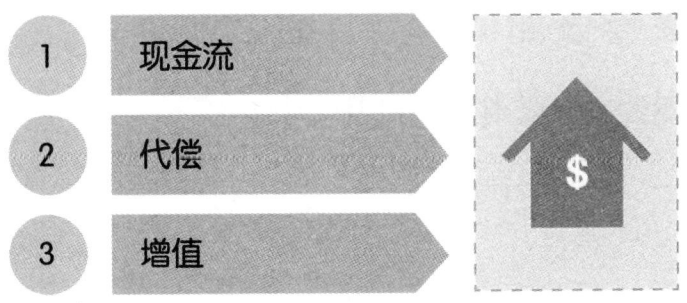

（1）现金流——只要你买对房地产，就能每个月收到钱，就可将可用资金用于其他投资机会。

（2）代偿——对出租房地产的人来说，承租人就是在替你支付抵押贷款，因而让你的债务减少并增加你的资产净值。

（3）增值——房地产的资产价值会随着时间上扬，带给你相当可观的收益。

这三项要素结合起来就能显著提升你的收益。长期下来房地产通常每年增值4.4%。购买房地产时你可以只支付很小比例的首付，余款办理贷款，这样你每年的投资可以增加19%~20%的收益，这是相当惊人的。要实现这样的收益，关键是要找到符合条件的理想房地产，并用适当的价格买下它。

那么你该如何找到理想的房地产，实施抱房生财术呢？步骤相当简单明了：

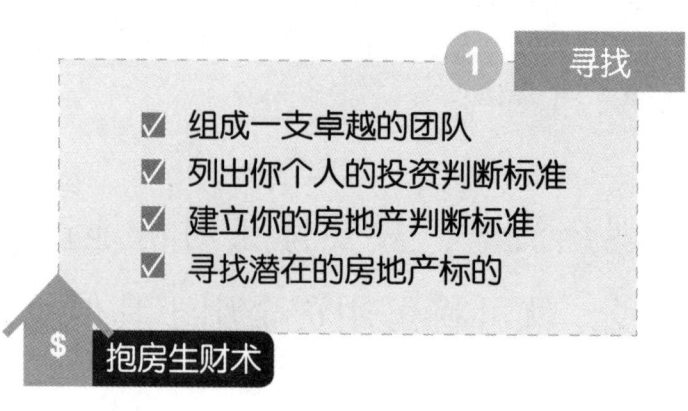

1. 组成一支卓越的团队

如果你真的想靠房地产来创造财富，必须组成一支团队并和团队成员合作。你的团队必须包括下列这些人：

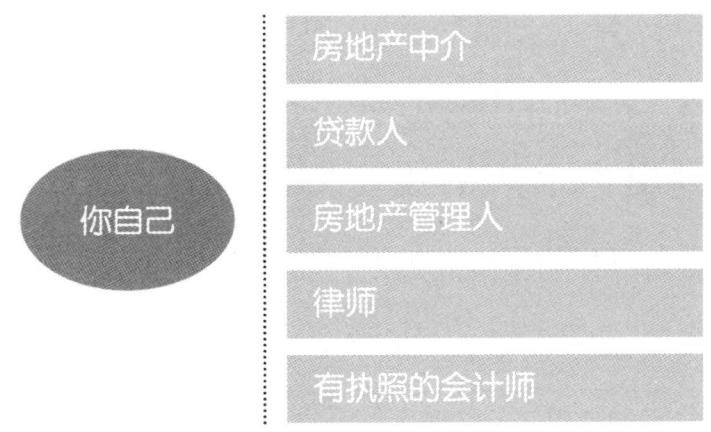

◎ 你需要一位房地产中介，他了解你想做的事，并且可以尽早通知你有潜力的房产。

◎ 你需要一位见多识广的贷款人，他经验丰富并且了解你的财务状况。

◎ 和某个稳妥的房地产管理人取得联系，他必须了解自己从事的业务并且拥有一套妥善的系统。

◎ 找一位了解如何进行房地产交易并专精于

此的律师。

◎找一位会计师加入团队,每季与他见一次面,整理纳税申报记录等。

你应该邀请上述人士加入你的团队,并不断与他们合作。未来你也可以添加其他专家和导师,但这支核心团队是不可或缺的。

2. 列出你个人的投资判断标准

你必须厘清自己为何要投资房地产,你的目标是什么。这与你目前所处的人生阶段有关。抱房生财术兼顾两项财务来源。一般来说,年纪较长的投资人倾向于追求可供他们退休生活所需的现金流;而年轻的投资人投资房地产时则通常专注于扩大他们的净收益。

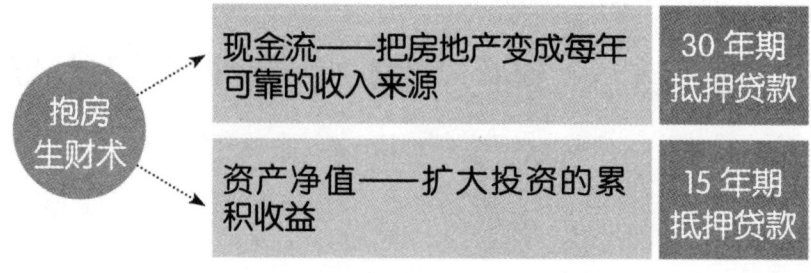

抱房生财术

想通过房地产投资扩大你的现金流,你必须:

◎一开始就投入较多资金,减少抵押贷款的偿还金额。

◎选择30年期的抵押贷款。

◎寻找复式或多户住宅。

◎设法购买法拍屋或取得很高的折扣。

若想扩大资产净值的增幅你需要:

◎采用短期贷款,如15年期的抵押贷款。

◎购买需要整修而贱价求售的房地产,使它增值。

◎投资独户住宅,这类房屋通常增幅较高。

◎加速偿还贷款,借此把利息降到最低。

◎专注于在理想地点以理想价格购买投资标的。

3.建立你的房地产判断标准

房地产的判断标准一直由下列五项要素构成:

◎地点——你想在哪个地段购房?你应该选择能吸引到最佳买主,并能够保持良好价格的房产。

◎房地产类型——独户住宅或多户住宅。追求增加资产净值的投资人比较中意独户住宅，追求现金流的投资人则会选择多户住宅。

◎经济状况——从贷款人那里了解预先核准的贷款额度，知道自己大概可以考虑的价格区间。

◎房屋状况——决定你想要一个状况不好需要修缮的房屋，还是想要状况良好不需要太多整修的房屋。

◎设施和生活便利性——包括房间、卫浴、车库等整体状况，它们代表了绝大多数房客所重视的室内环境。

把你对这些判断标准的答案写成一张检查清单，让你的房地产中介知道。这会为你和他们省下许多时间。接着你就可以接触那些有一手经验的人士，得到他们的协助。

4.寻找潜在的房地产标的

现在你已经明确了自己的目标,接下来就要着手寻找潜在的投资标的。基本上有三种可行方法:

(1)利用人脉寻找潜在标的——利用自己既有的往来关系寻找合适的房地产。参加研讨会,和朋友、家人、同事或当地人聊聊,看看有哪些机会。虽然你肯定会找房地产中介,不过也可以试着找找可能有所帮助的投资俱乐部。

(2)亲自探查潜在标的——开车去当地绕绕,寻找带有"出售"标志、闲置或是无人照料的房产,这些迹象代表可能有房主想搬走。去找那些宣称"房主自售"的人聊聊,翻报纸找找最近出现的法拍屋,做好该做的功课。

(3)通过市场寻找潜在标的——利用标牌、邮件、广告或传单与可能的卖方进行接触。许多成功的房地产投资人运用"我们用现金买房子"的告示牌、广告牌或传单和有兴趣的卖方取得联系。你甚至也可以花点钱在广播电台或电视上打广告，扩大自己的接触面，然后把广告的花费计算到购房成本当中。要多用点创意。

关键思维

当你找到开发潜在房产的策略之后，你会很惊讶地发现竟有那么多投资机会。

——史蒂夫　詹妮斯　吉姆　琳达

人生就像一个密码锁：你的任务就是找出正确的数字和正确的顺序，从而让自己随心所欲。

——博恩·崔西，成功学大师

从理想开始，以交易结束。

——卡尔·阿尔布雷希特

德国 Aldi 创始人

二　分析

分析可以让你从许多大好机会当中分辨出真正最棒的交易。搜集相关数据，进行重要计算。把情感放在一边，坚持只有当数据符合预期的时候才购买。如果数据不符合预期，就放弃吧。

进行分析是整个抱房生财术中最重要的步骤。你需要从寻找到的一长串潜在对象中筛选出少数符合判断标准的标的。有一些房地产投资人会采用详尽的检查清单来进行这项作业，其他人则倾向于粗略计算。折中的方式可能是最好的。

如果你决定用检查清单进行分析，可以在网上搜索"房地产投资收益率分析表"，一定能发现一堆可以用来进行分析的表格。找一份你喜欢的表格，然后熟练运用它。

事实上，从投资的角度分析一处房地产时，不论你是采用检查清单还是粗略计算的方式，用的都是同样的方法：

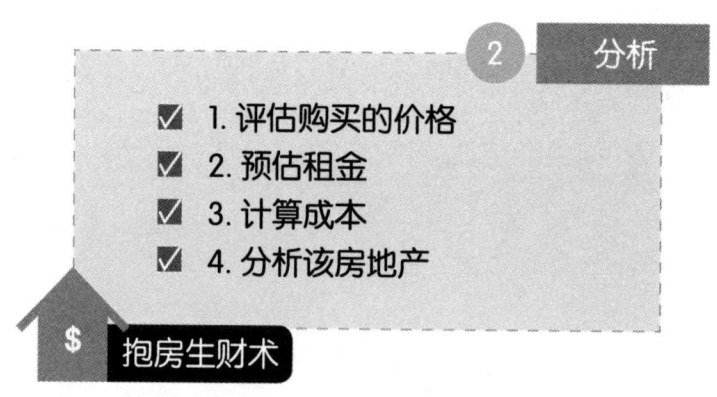

1. 评估购买的价格

市场上的每处房地产都具有三种不同的价格：

◎ 卖方和他们的中介标示的价格。

◎ 根据最近的成交记录得到的公平市价。

◎ 身为投资人的你所愿意支付的价格。

作为一位抱房生财术投资人，你的挑战就在于确定你所愿意支付的价格是多少。如果你愿意处理那些其他人不愿意解决的问题，你就可以支付较低的价格。绝对不要忘记你以投资人的身份投钱进去的事实。你当然要找到并且用划算的价格买到具有良好现金流的房地产，为此你要能看见别人忽略的事。

要找到令你满意的价格，你可以：

（1）观察类似的房地产——当地类似房地产的交易状况。类似房地产可以为你提供一个计算价格的基准。你的房地产中介应该可以快速提供这些信息。取得近3~4个月的相关资料。

（2）开车去看看类似的房地产——开车亲自去比较你的投资标的和该地段最近成交的房地产。

（3）考虑相关数据——想清楚你想在市价基础上取得怎样的折扣，好好体会计算中涉及的所有相关数据。

持续这样做，直到你充分了解该地段的市价是如何决定的为止。

2. 预估租金

正确预估你的房地产会产生多少租金收入

是很重要的,因为它会影响到该房地产的长期收益。这项数据如果预估得太低,你可能错失一笔绝佳的交易;预估得过高则可能导致现金流出现负值。

这个步骤相当依靠直觉,你必须:

(1)弄清楚该地段类似的房地产收取多少租金。为此,你可以从多种来源取得资料:

◎到房源共享服务系统取得该地段的资料,用这种方式可以取得你必须知道的一切。

◎和活跃于该地段的房地产管理人聊聊,听取他们的看法。询问他们市场的需求,请教他们什么样的出租条件可以吸引到好房客。

◎查询网络及当地报纸上的租赁信息。

◎开车到你的目标地段,寻找出租标志,打电话给招租人,了解他们提供什么样的条件。

(2)预估你的目标房地产的租金。利用以上资料,得出每平方米的平均租金,以它为基准来预估目标房地产的租金。

3.计算成本

接下来你必须计算你打算购买的房地产的修缮及其他后续费用。最要紧的是以最糟的状况为基础作预算,以免事情比你想的更糟。

预估费用时要计算:

◎房地产的管理费用——大约是每年净租金收入的10%。

◎出租成本——通常大约是第一个月租金的50%。

◎维修准备金——预留一笔钱,以备任何东西坏掉或需要淘汰旧的换上新的时支付零件和劳务费用。

◎设备——任何必须由屋主承担而不是房客分摊的成本。

◎房产税——通常是2%左右,因地而异。

◎保险——你的贷款人会坚持要求你缴纳房地产保险。

◎其他费用——当地业主协会的会员费等。

逐条检视这些项目。你必须考虑各种花费，所以要完整且系统地进行估算。

有了经验就能更准确地预估费用，不过你可以就你目前所知尽量做到最好。同样，要做最坏的打算。

在绝大多数情况下，购房出租的两项最大支出是：

（1）融资成本。想运用抱房生财术得到现金流，就选择15年期的抵押贷款；如果你追求的是资产净值，就使用30年期的抵押贷款。

（2）修缮成本——你必须花多少钱才能让该房地产出租出去。如果修缮主要是门面翻新，你或许能够较准确地估算出费用。如果涉及重大工程，你或许应该找承包商来估价。你的中介对这些成本应该也会有一些概念。

4.分析该房地产

你搜集到所有相关资料之后，就要进行关键计算：

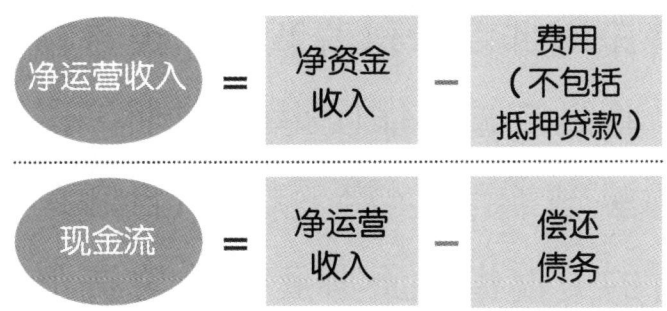

当然，此时的目标是确保现金流为正值，这是实际且保守的目标。要让这个目标实现，你可以在三个方面进行调整：

（1）检视你的财务状况，查看是否可以用创新的方法调整安排，让你最终产生正值的现金流。和你的贷款人聊聊，检视所有的选择方案。同时，心中要牢记自己的财富目标。

（2）观察如果调整购买价格，会产生什么样的效果——好好感受一下价格的敏感性。同时也看看自己是否能身兼杂工，以最低成本进行修缮，这样做也有助于产生正值的现金流。

（3）思考一下如果你通过增加价值来提高租金，对现金流会产生什么影响。切记这种方式有它的风险，因为其成功依赖于一切都按照计划进行，没有任何难以对付的意外状况发生。在你累积更多经验之后，就能做得更好。

当你完成分析之后，就可以开始准备出价了。此时的关键指导原则是：

◎凡涉及出价，务必相信自己的直觉——尽力进行数据的计算，但是也不要忽略自己任何苦恼的感受。弄清楚为什么会产生苦恼。

◎别忘记自己必须投钱进去的事实。

◎谨记现金流就是王道，不要促成任何现金流为负值的交易。持续分析和调整数据，直到交易能够符合要求，不然就转移到下一笔交易。专注于确保现金流为正值，不能有任何例外。

◎别为了一处房地产支付过高的价钱，坚持抱房生财术的判断标准。如果你不能依据自己算出来的数字以合理的价格购买，那就放弃吧，未来还会出现许多其他适合你的房地产。不要被你厌恶的房地产绑住，只因为你觉得它是当地唯一的交易对象。它绝非唯一的选择。

三　购买

如果你计算正确，就可以赚到利润，而且从一开始就产生正值现金流。此时最重要的原则是绝对不要购买一处房地产，然后期待它会增值，变得有利可图。要购买现在就已经有利可图的房地产，然后努力让它变得更好。成功的投资人应该让自己的钱流入而不是流出房地产。

通过进行购买，投资房地产从理论变成实践。此刻正是你的优秀团队发挥作用的时候，因

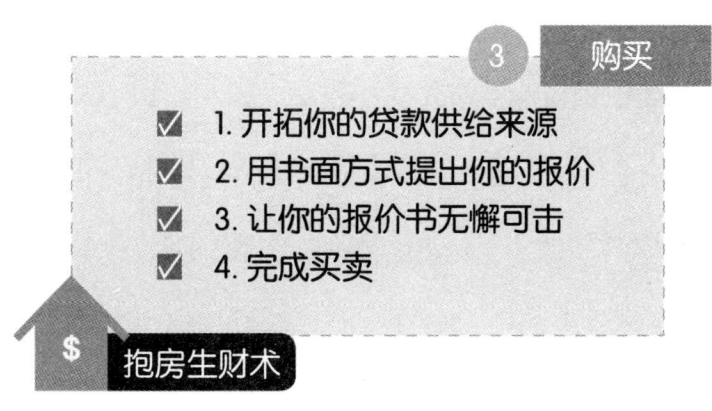

为你需要专家来协助你完成这项任务。

1. 开拓你的贷款供给来源

在需要的时候能够及时取得所需资金是投资房地产取得成功的要素，因此你必须随时努力做到这点。如果你在进行买卖协商时，口袋里有一份预先核准的贷款证明，那么卖方会更积极地作出回应，也比较愿意进行协商。

三种贷款策略分别是：

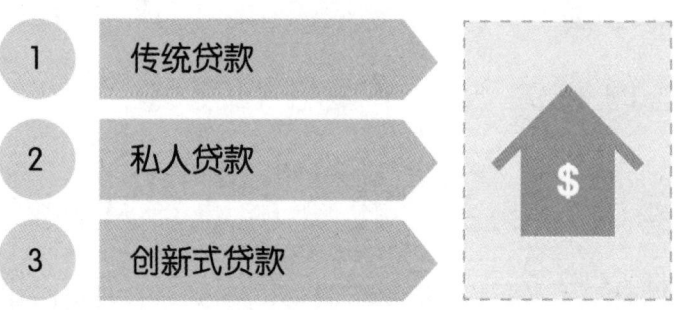

（1）传统的房地产贷款是固定条款下的固定利率抵押贷款。在美国，如果贷款符合房利美这类政府出资的公司所设定的标准，就会被称为"合格贷款"。通常传统的贷款会要求你支付20%的首付款，然后贷给你剩下的金额。要符合传统房地产贷款的借贷资格，你必须满足收入标准和信用标准。

（2）私人贷款者是一些握有资金的人，他们愿意在设定抵押的状况下提供贷款。由于他们不会把贷款合约卖给房利美公司，因此借贷条款没有既定的准则，你可以用任何你喜欢的方式处理你们的交易。有时候投资人会把他们的资金结合在一起形成一个联盟，用这种方式提供抵押贷款。房主融资是一种广为运用的私人融资方式，即贷款人同意向买方提供部分资金。其他的贷款来源还有合伙人、当地银行及投资人团体。

（3）创新式贷款有多种形式，包括：

◎重叠贷款——卖方扩大第二顺位抵押权以涵盖买方原有贷款合同。

◎附有购买选择权的租约——买方不需要立即支付全部金额，就可以取得房地产的控制权。

◎先租再买——买方必须依约在特定日期，依照预定价格购买该房地产。

了解如何利用所有不同的抵押贷款方式是有帮助的，因为它能够在你面对卖方时为你提供更多的弹药，促成一次双赢的交易。你应该一直努力在不同融资策略中开拓人脉，在达成交易的时机来临时，就可以有不同的选择。

关键思维

保持开放的心胸。谨记不管市场状况或你的收入、资产或信用状况如何，你总是有机会和方法利用房地产赚到钱。如果有适当的投资机会出现，在你放弃之前，一定要先评估自己的融资选项。

——史蒂夫　詹妮斯　吉姆　琳达

2. 用书面方式提出你的报价

房地产交易最棒的一点就是一切都可以商量。所有一切最后都可以归结到价格和条款。如果你在价格上让步，可以试着在条款上讨回来。研究出价条件时,心里应该明白一开始就要提出所有要求,如果你不提出,你就不可能得到它们。

从现实的角度来看,你的房地产中介是你团队中的关键成员,他可以帮助你设计一份优秀的出价提案书。他知道所有可能会出现的附带条件、减免方法和其他细节,这些都是你在出价时必须涵盖的项目。谨记你的报价书是达成具备法律效力的合约的基础,因此你需要一个知道在这个阶段该做什么事的人。

要提出一份优秀的报价书,务必要知道:

◎这处房地产为何要出售。

◎卖方有什么样的时间压力,或必须满足什么样的时限。

◎卖方是否需要现金,或是否在条款上可能比较有弹性。

在了解这些信息之后,你就可以和顾问一起设计一份报价方案。它需要对卖方有吸引力,并且考虑到你能够确保的融资。这就是促成一场双赢交易的整个基础所在,而你的中介应该有能力提出各种有用的建议。记住,在房地产交易中,一切都是可以商量的。

3.让你的报价书无懈可击

身为一位投资人,你应该好好设计你的房地产报价书,以便需要的时候就可以展开协商。不必做得太详细,你要做的是加上一些条款,让你可以拥有一些转圜的余地。一些合理并且应该加入报价书的附带条款有:

◎房况检查——明确指出你的报价书附带条件。你要求获得一份检查报告,确认房屋符合卖方的描述,并且确认法律要求的所有许可证都已经到位。

◎融资——你可以加上一项条款,约定如果某一特定融资机构的贷款申请未获得通过,交易就取消。

◎包含的物品——你的报价书应该列举收购价格所包含的主要设备和家具。

◎产权——你可以明白约定如果卖方的产权不清，你的报价书就无效。

◎期限——你可以并且应该加上一个卖方必须回复是否接受你报价的最后期限，一旦逾期报价书就会失效。

4. 完成买卖

你的报价被接受之后，你就该让所有条件就绪以完成交易。依据当地的法律法规，你可以选择产权公司、公正的第三方或律师来处理这件事。

建立一份你应该全部完成的检查清单。假设你采用预先核准贷款证明的方式，那么交易检查清单通常包含下面的内容：

◎找一位有资质的检验员来检查标的状况。

◎让你的代办人员准备好产权转移所需的法律文件。

◎为你的贷款人找一位估价师，确认该房地产的市场价值。

◎进行产权调查。

◎以专业方式调查该房地产的界址线。

◎为你的新房地产购买保险。

◎在签约前24小时进行一次最后的通盘检查。

以上所有项目都会产生费用，税金也必须支付，因此这些都要编入预算。所有项目完成之后，就只剩下前往产权公司或是你的律师办公室签署交易文件、法律声明、抵押票据和其他文件。

关键思维

所有文件在签约现场完成签署之后，贷款人就会提供贷款，产权也正式从卖方转移到买方。你会拿到钥匙，并正式拥有自己投资的房地产，现在乐趣才真正开始。太棒了！花一分钟庆祝，慰劳自己辛苦走到这一步。你已经付出时间、努力和精力，而且完成了一次抱房生财的绝佳投资。你已经正式开始迈向更好的财务未来，你应该为此感到自豪。

——史蒂夫　詹妮斯　吉姆　琳达

抱房生财术

四　管　理

抱房生财术要求你就房地产所有权的每项要素都建立完善的系统。你必须像经营企业一样经营你所投资的房地产。你要有健全的系统来出租房地产、管理房客、进行修缮、执行预算及管理账目。

当你展开行动并且投资了一处非自用住宅时，接下来的挑战就是设法增加该房地产的价值。要达成这项目标，你必须成为一位精明的房地产管理人。

不论是为了省钱，还是为了得到珍贵的经验，很多投资人都会主动管理他们的房地产，特别是在他们投资生涯的起始阶段。这也是一种极佳的选择。没有任何事物可以取代亲力亲

家有房产

为的学习,这也有利于你日后雇用专业的房地产管理人。不管用哪一种方法,你都必须把这件事当成经营小型企业,并且像所有小型企业的老板一样,你必须专业、注重细节,能够机灵地管理财务。简而言之,所有帮助你走到目前这步的技巧,都应该有助于你成为一名房东和房地产管理人。

作为一名房东,你需要扮演许多角色——营销人员、管理人、会计、勤杂工和客户服务专家。虽然你可能不会这么想,事实上你的房地产就是你的产品,而你的房客就是你的顾客。借着建立并维持优异的客户关系,你就可以确保有优质的房客帮你照顾房子,准时交付房租,并且在他们要搬家的时候,把你推荐给正在找房子的朋友。

成为一名房东可能是一份要求很高的工作,特别在你仍然保有白天正职工作的时候,幸运的是它的收益也相当不错。关键是要建立良好的系统、资源和工具,让你保持正确的方向。要成为向前迈进的抱房生财术投资人，其实你只需要做到三件事：

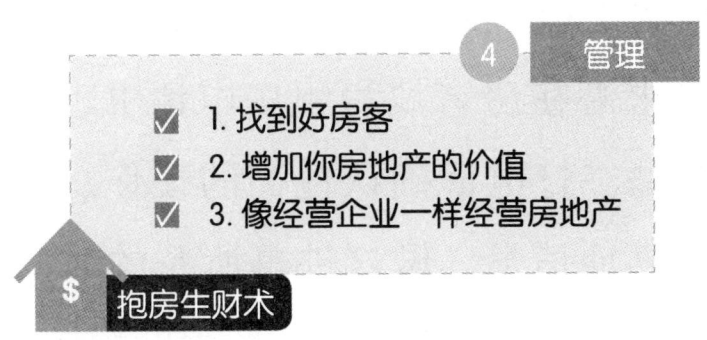

1. 找到好房客

虽然无良房客会让人非常沮丧，事实上你会发现大部分房客都是很好相处的。要吸引并留住好房客，你应该：

◎一开始就设定合理的房租——不要企图在意外的成本产生时一点一点往上调。设定和类似房产相较起来实际、可持续并且公平的出租费率。

◎锁定目标营销，使用便宜的广告方式。你可以在前院放置招租广告牌、在网络或社交媒体发布信息、在当地或社区报纸刊登分类广告，或是找中介，你也可以尝试传单、折页广告、直接寄信或是开放房屋参观等方式。如果没有人知道你有房子要出租，你是找不到房客的。

◎要求潜在房客填写租房申请书，然后适当地进行过滤。打电话确认他们的工作、之前租屋的历史和其他信息。做这件事所花的时间是相当值得的，因为它可以避免之后产生麻烦。

◎准备一份妥当的租房合同。会同你的顾问团队一起进行这项工作，确保租约以浅显的文字清楚并准确地列出所有内容。合同应包括全部要项：租金，条款，押金，谁负责修缮和维护，你进入房屋的权利，对非法活动和宠物的限制，租约如何延长、修改或终止，以及依据租约应该于何时支付租金。确保你的合同遵守当地的法律法规。

◎在房客迁入之前和迁出之后都要进行实地检查，并记录你检查的结果，以确保房子清洁、功能正常并且可供房客入住。

2. 增加你房地产的价值

当你找到一个好房客,并可以按合同收取租金时,你就可以开始寻找改善自己房地产的系统化方法,以增加自己房地产的市场价值。这不是高深的学问,可以归结成三件事:

（1）管理你的记录。如果你保存全面的记录并且像经营企业一样经营你投资的房地产,效果会比把它当成爱好对待要好。对于每一处房地产,你都必须记录下列项目并建档:

◎全部的租金收入。

◎所有的支出——抵押贷款的偿还金、税金和保险等。

◎每位房客的法律文件和历史记录。

◎该处房地产的所有相关文件。

投资房地产要非常重视细节管理。如果你对保存记录漫不经心，迟早会有麻烦上身。这件事或许并不有趣，但至关重要。

（2）扩大税收减免。拥有房地产并进行出租的一项显著优点是你可以取得无数的税收优惠。当你完整记录一切时，这些优惠就可能实现。你可以申请的税收减免项目包括：

◎房地产的折旧和针对房地产的改善措施。

◎运营费用，包括抵押贷款的利息支出。

◎保险——财产和公众责任险。

◎家庭办公室的部分费用。

◎专业服务，如雇用律师和会计师等。

◎和工作有关的差旅费用。

◎由火灾、水灾或类似事件造成的损失。

确保自己建立了完善的记录，这样才能申请所有应得的税收优惠。

（3）降低风险和责任。风险管理可能成就

也可能破坏房地产出租事业。如果没有适当的记录，想对抗其他人对你的法律行动，就会变得非常困难。除此之外，你还应该咨询你的保险业务员，寻求可以对抗下列风险的最佳保险范围：

◎房屋因任何原因或长时间不适合居住所造成的租金损失。通过规划保险，你可以在房屋进行修缮的时候让他人帮你支付抵押贷款，这可能变成救命的工具。

◎房客或他们的客人在你的房子里遭受严重伤害而产生的赔偿责任。如果他们可以证明伤害是由你的过失引起的，你可能必须赔偿各种损失。

◎你提供给房客使用的财物——电器、地毯、家具和其他设备遭窃。

3.像经营企业一样经营房地产

用类似经营企业的方法操作你的房地产投资，这可能不像许多人想的那么难以招架。在你购房之后的几个星期，确实会有一大堆事情要处理，但这也正是你对自己这项大投资感觉最兴奋的时候。相信我们,当你做了一桩很棒的财务投资时,那些琐事就不会再让人无法忍受。事实上,对那些花时间像经营企业一样管理自己房地产的人而言,他们的投入会得到相当高的收益。

关键思维

如果你让自己置身于购买及投资房地产的人士当中,你就会觉得更加自在。建立你自己的抱房生财术网络,参加投资人俱乐部、上课或阅读书籍。只要你给自己许下承诺并开始努力寻找,让你朝着目标前进所需的助力就会出现。如同我们所知道的:每个人都梦想着拥有更多,却很少有人计划如何去实现。最佳的投资人总是会这么做,而且他们会界定自己的理想,重新评估自己的目标,并征召一支有力的团队帮助他们前进。

——史蒂夫　詹妮斯　吉姆　琳达

如何做好房地产管理人很重要。如果你把投

资房地产当作爱好，它对你的回报就会是一个爱好。如果你像经营企业一样经营它，它回报给你的财务收益就会相当可观。这代表什么呢？最佳企业离不开可行的模式，并且需要采用系统化的作业方式。经营房地产也需要这种模式。

——史蒂夫　詹妮斯　吉姆　琳达

要做成伟大的事业，我们不只需要行动，还需要梦想；不只需要计划，还需要信仰。

——阿纳托尔·法朗士，法国作家

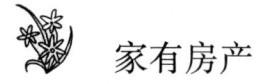 家有房产

五　成　长

拥有一笔能够创造现金收入的房地产投资，可以明显改善你的财务状况；拥有多笔同样效益的房地产投资，就可以改变你的人生。持续实践五个步骤，就能施展抱房生财策略。只要你系统地、有目的地进行操作，并确保各项基本条件都对你有利，你就一定可以用自己的方式实现财务自由。事实上，你达成目标的速度可能比你想象的更快。

一旦你有了一处投资性房地产，并为此设立了一套机制和系统，接下来发展一系列创造现金流的房地产投资组合，便是顺理成章的事。

1. 界定你的长期目标

在你第一次购置的房地产开始创造现金流之后,你可能开始认为这种方式或许可以帮助你支付人生中的各种开销。你可能想借此供退休生活之用,抱房生财术也很适合此目的。但是你必须了解自己长期的财务目标为何,你目前的状况怎么样,以及你必须做什么才能达到那个长期目标。

例如,你想在25年之后退休,并且每年能有25万美元的被动投资收入。同时你从经验得知,拥有一处用于出租的房地产每年可以创造5000美元的收入,那么你就很容易算出在你退休时,你需要一个由50处用于出租的房地产构成的投资组合。也就是说,你必须每年购置2处房地产才能达成自己的目标。把房地产投资当作自由现金流或被动收入确实是一种聪明的处理方式。

家有房产

2. 定期进行目标核查

你很快就会发现，随着你在房地产投资方面学到的更多，追求自己的目标也变得更容易，同时还能用更快的速度持续成长。新的商机会出现，你的系统也会调整得更好、更完善。

确保自己在到达这个阶段的时候，停下来开展一次目标核查。弄清楚一开始的目标是否过于保守，是否应该追求更高的目标。届时你将拥有更多专业知识和技巧，以及更多的自由，放手去做吧。

3. 借力使力追求成长

抱房生财术最棒的优点就是，当你有更多经验之后，也会有更多机会为你开启。你可以像自用住宅的房主一样，升级你的房地产，设法换一处更好的房子。你可以用个人退休账户购买房地产，借此取得延期缴税优惠。你可以投入房地产开发项目，或是依照如美国的1031交换条款的规定，从独户住宅换到复式住宅。你也可以利用自

己的资产净值取得资金,追求其他的商业投资。

简单的事实是,当你将基础建立好之后,让自己的房地产投资持续成长也会变得容易。知道你活跃于这个领域的人愈多,当有房地产进入市场的时候,人们提供给你的机会就愈多。

抱房生财术的七项成功法则是:

(1)成为投资者而不是投机者,两者的差别在于投机者企图快速致富,而投资者则会避免风险,并满足于反复利用有效的方法。如果你明天无法用比今天更高的价格卖出那处房地产,就不要买。

(2)绝对不要忘记现金流才是王道,不要购买任何无法产生正值现金流的房地产。一处物超所值的房地产甚至不需要增值也能够带给你好处。要坚持这条原则。

(3)不要让情感影响了你的判断,记住只有数据才是重要的。不要因为你喜欢某处房地产的外观就把它买下来。要让你的抱房生财术发挥成效，就一定要在数据合理时才出手。

（4）学习使用财务杠杆。这实在是很具威力的工具。如果你买对了，例如你以低于市场行情10%的价格成交，你从购买的第一天就开始赚钱，而财务杠杆会让你的收益增长就像装上了加速器。

（5）建立良好人脉，和聪明的人士，特别是有经验的投资人合作。从他们的奋斗故事中学习，请他们指导你。你召集的私人投资团队的素质愈好，你前进的速度就会愈快。

（6）绝对不要停止学习，要坚持读书、听录音、参加研讨会并寻找新颖的构想。

（7）回馈他人——慷慨地花时间指导后进。你给予的愈多，将来得到的也会愈多。

抱房生财,取之有道

文 / 张欣民

《抱房生财术》一书最特别的地方是,该书的四位作者都是拥有多年房地产投资经验的实干派人士。他们除了大方地将生财术的实践经验公开之外,更教大家抱房生财也必须取之有道。

在美国,次级房贷危机引发了金融海啸,冲击了全球经济。那真是"眼看他起朱楼……眼看他楼塌了"的写照,而楼起楼塌都是因为房地产。房地产人人爱,古今中外没有多大差别,差别在于"君子爱财,取之有道",也就是要运用正确的方法通过房地产赚到钱。

1."抱房生财术"的五大生财步骤

安德鲁·卡内基说:"90%的百万富翁是靠拥有房地产成功的。"事实上,也有很多百万富翁因为不懂如何经营房地产，最后回到起点，甚至负债累累。《抱房生财术》提出五大生财步骤——寻找、分析、购买、管理及成长，都是浅显易懂的房地产投资概念，但是知易行难，需要具体落实。

好的开始是成功的一半，专业团队及对的投资标的是成功投资房地产的关键。有强大的投资团队，才可能在千千万万投资标的中找到具有潜力的房地产投资对象。如果无法遵守第一个步骤"寻找"中的准则，后面其他的动作都是多余，都是空谈。

"不要跟你的房子谈恋爱"——这是在找到理想标的后，采取"分析"动作时必须要有的认知，也是书中所说的"把你的情感放在一边"。完全根据客观的数据来开展比较与分析，数据达标就买，否则就放弃，千万不要感情用事！

"购买"的基本原则是"绝对不要购买一处未来才会增值的房地产"。在完成交易之前更是要有贷款的万全准备,对房地产交易的安全性及房地产本身开展专业评估,这些都是不可忽略的地方,很多人购买房地产时常常在这些地方发生交易纠纷。

一桩房地产交易能不能成为一只下金蛋的鸡,取决于投资人能否找到好房客,增加房地产本身的价值。这些都是看似简单,实则困难的"管理"工作。找到好房客只是简单几个字,但是好的房客让人如上天堂,无良房客让人如下地狱,其间甘苦只可意会不可言传。增加房地产本身的价值是创造房地产投资价值的最高明办法。

很多人投资房地产大都只做到"管理"阶段,但是《抱房生财术》的作者们却将它延伸到"成长"阶段,将房地产投资带到另一个层次。除了持续检视自己投资效益的成长,最难能可贵的是,在"抱房生财术七项成功法则"中,作者特别强调"绝对不要停止学习"和"回馈他人"。尤其在"回馈他人"这部分,作者强调要慷慨地花时间指导其他还不如你的人，你给的愈多，将来收获的就愈多。这或许就是他们愿意将如此宝贵的经验在书中一一跟广大的读者分享的原因吧。

2. **实践方法论**

房地产投资的很多方法论及投资心得在世界各地常常是相通的，就方法论来看，大致上可分为以下四种：

（1）传统的赚取租金模式。以自有资金买进房地产，长期持有，每个月赚取稳定的租金收入。业余房地产投资者一般属于心态较保守、风险承担能力较弱的群体，因此大多采取传统的房地产投资模式，这也是长期以来房地产市场上一直存在的投资模式。

由于这类投资者以自有资金投资，所以一般不会在意外部资金利率的高低，也不会在市场上频繁杀进杀出。也因为这种长期持有的特点，日后真要处理这些房地产时，其增值的价差往往非常可观。

虽然说这一模式大多是以自有资金来投资,但是仍然要有资金成本的观念,也就是房地产投资标的的租金收益率要高于当时定存的利率,而且要高过1%~1.5%才划得来。假如定存利率是2%,那选择投资的房地产标的的租金收益率至少要有3%~3.5%,才算是聪明的投资。

买屋出租虽不一定会折旧（一般还是要算折旧的,只是好地段有时反而会增值）,但房子有装修、维修等费用,而且可能会出现空租期。如果租金收益率无法高过定存利率,那还不如将资金放银行定存来得妥当,这在《抱房生财术》当中也提到了。

（2）投资赚价差模式。买进价格较低、卖相较差的产品,以装修手法"改头换面"之后,短时间内再以高价卖出,这是很多专业投资者在房市的操作模式。这种模式作者并不鼓励,因为这是"投机",不是"投资"。况且在买卖房屋时需要交税，现在这招是行不通的。

（3）杠杆操作借力使力模式。这类投资者自有资金较少但月收入较高，因此采取高度借贷的杠杆操作模式。这类投资模式虽仍属业余投资，但已算是业余投资当中最高段位的操作手法。

这类手法又可分为两种。第一种是在现房市场采用高度借贷的杠杆操作模式。投资者将房子出租，赚取高额的租金收益。在低利率环境之中，除了可以靠第一个投资标的的租金养活自己之外，还可拿一些多余租金来养第二套房子，再依次购置第三、第四套房子。只要操作得宜，利率相对稳定，这类投资者可在买下和持有四五个标的后，在8~10年内还清所有贷款。这也意味着这些投资者10年后就不用再上班，可以提早退休，让这几套房子来保障他们的退休生活。

这也是《抱房生财术》提到的创造被动收入，让自己提早过上财富自由日子的方法。基本

抱房生财术

上,这种方式的投资不是短线进出市场,而是一种中长期的持有。只是这类投资风险很高,所谓高杠杆、高风险,特别是在利率大幅波动或是个人收入缩水之后,投资人就可能面对入不敷出的窘境。到时如果出现多米诺骨牌效应,那可不是普通人玩得起的一种"游戏"!所以书中一开始就强调要组建一支卓越的专业团队,以排除此中的种种风险。

第二种杠杆操作手法也是最典型的做法,那就是买期房。期房在完工前最多只要交二到三成的自备款,但因工期通常都要2年以上,若在这2年间房市持续走多头,房价跟着上扬,购房人在交屋前将房子转手卖掉,其获利是相当可观的,也是一种用小钱赚大钱的操作方法。据了解,美国并没有期房销售制度,所以书中并没有提到这一购房生财术。

(4)放长线钓大鱼模式。这是口袋够深、资金够雄厚人士投资房地产时常选用的模式。他们选定大都市外围便宜的土地，买下之后就不管它。随着大都市往外扩张，这些之前被认定不值钱、不值得开发的便宜土地会咸鱼翻身变成有价值的黄金地段。

这种投资模式的前提是要口袋够深，不用向金融机构借钱，而且眼光要看得长远还要很精准，有耐心等待都市发展的步伐及政府开展重大建设项目的时机。不过这种模式《抱房生财术》并不推荐，因为它不符合书中强调的要能产生现金流的概念。

《抱房生财术》一直强调"将风险降到最低，并且追求最大财务收益"的投资理念，这在东西方都适用。

作者简介

张欣民，台湾天时地利不动产顾问公司总经理，连续12年编撰《台湾地区房地产产业年鉴》，媒体记者封他为不动产界的"研展天王"。著有《跟着专家买房子》与《这样买房会增值》。